Übungsbuch

Mit Erfolg zu

telc Deutsch B1+ Beruf

von

Sandra Hohmann
Beate Kupper
Radka Lemmen

Alles Digitale zu diesem Buch kann auf der Lernplattform **allango** von Ernst Klett Sprachen abgerufen werden. So geht's:

QR-Code scannen oder **www.allango.net** aufrufen | Buchtitel oder ISBN in der Suche eingeben und auf das Buchcover klicken | Zum Inhalt navigieren, direkt abrufen oder speichern

Zu diesem Buch auf allango verfügbar: **Audios**.

Ernst Klett Sprachen
Stuttgart

Mit Erfolg zu

telc Deutsch B1+ Beruf

Übungsbuch

Sandra Hohmann
Beate Kupper
Radka Lemmen

1. Auflage 3 | 2025

www.klett-sprachen.de

Redaktion: Katharina Theml, Büro Z, Wiesbaden
Layoutkonzeption: Anastasia Raftaki, Jasmina Car, Barcelona
Herstellung: Anastasia Raftaki
Gestaltung und Satz: Jasmina Car, Barcelona
Umschlaggestaltung: Claudia Stumpfe
Reproduktion: Meyle + Müller GmbH + Co. KG, Pforzheim
Druck und Bindung: Elanders GmbH, Waiblingen

Printed in Germany
ISBN 978-3-12-676816-0

Inhalt

Vorwort

Liebe Lernende, liebe Kursleitende,

mit diesem Übungsbuch können Sie sich bzw. Ihre Teilnehmenden gezielt auf die Prüfung „telc Deutsch B1+ Beruf" vorbereiten.

Das Übungsbuch „Mit Erfolg zu telc Deutsch B1+ Beruf" enthält einen kommentierten Modelltest, der sich konsequent an den Vorgaben für die Prüfung orientiert. Sie erhalten hier in kleinen Schritten alle für Ihre Lernarbeit notwendigen Hinweise und Hilfestellungen unter folgenden Aspekten:

- Was bekommen Sie in der Prüfung?
- Was sollen Sie in der Prüfung tun?
- Wie wird die Prüfungsaufgabe bewertet?

Darüber hinaus finden Sie zu allen geforderten Fertigkeiten – Lesen, Hören, Schreiben und Sprechen – ein entsprechendes Training sowie Aufgaben und Übungen zum Wortschatz und zur Grammatik. Dieses Übungsmaterial bezieht sich auf prüfungsrelevante Themenfelder und auf die für die Prüfung entscheidenden grammatischen Kategorien. Alle Übungsteile orientieren sich strikt an den Anforderungen der Niveaustufen B1 bzw. B1+ des Gemeinsamen Europäischen Referenzrahmens (GER).

Weitere Modelltests finden Sie im zugehörigen Testbuch „Mit Erfolg zu telc Deutsch B1+ Beruf" (ISBN: 978-3-12-676815-3).

Viel Freude bei der Vorbereitung und viel Erfolg bei der Prüfung wünschen Ihnen die Autorinnen und der Verlag!

telc Deutsch B1+ Beruf – Die Prüfung im Überblick

In der Prüfung telc Deutsch B1+ Beruf werden die auf eine weite, allgemeine berufliche Anwendung bezogenen Kenntnisse und Fertigkeiten der deutschen Sprache auf dem Niveau B1+ des Gemeinsamen Europäischen Referenzrahmens (GER) festgestellt. Die allgemeinsprachlichen Kenntnisse und Fertigkeiten auf dem Niveau B1 (GER) werden als erreicht vorausgesetzt.
Es werden die Fertigkeiten in den vier Bereichen Lesen, Hören, Schreiben und Sprechen sowie die Kenntnisse in Grammatik und Wortschatz überprüft.

Die Prüfung besteht aus folgenden Teilen:

Schriftliche Prüfung – mit den Teilprüfungen
Leseverstehen und Sprachbausteine
Hörverstehen
Schriftlicher Ausdruck

Mündliche Prüfung

1. Die schriftliche Prüfung

Prüfungsteil Leseverstehen

Teil 1 Globalverstehen
Sie lesen fünf E-Mails oder Briefe, daneben gibt es zehn Betreffzeilen.
Sie sollen nun entscheiden, welcher Betreff zu welcher Mitteilung passt.

Teil 2 Detailverstehen
Sie lesen längere E-Mails, mindestens eine Ausgangs-Mail und die Antwort darauf, dazu gibt es fünf Aufgaben. In jeder Aufgabe gibt es drei Sätze.
Sie sollen nun entscheiden, welcher der Sätze einem der Textinhalte am genauesten entspricht.

Teil 3 Selektives Verstehen
Sie lesen zwölf Texte von Anzeigen, daneben kurze Beschreibungen von zehn Situationen.
Sie sollen nun entscheiden, welche Anzeige zu welcher Situation passt.

Prüfungsteil Sprachbausteine

Teil 1
Sie lesen einen Text (E-Mail, Brief, Fax …) mit zehn Lücken.
Zu jeder Lücke gibt es drei mögliche Lösungen.
Sie sollen nun entscheiden, welche der angebotenen Lösungen die richtige ist.

Teil 2
Sie lesen einen Text (E-Mail, Brief, Fax …) mit zehn Lücken.
Dazu gibt es eine Liste mit 15 möglichen Antworten.
Sie sollen daraus nun die für jede Lücke richtige Lösung auswählen.

> Für den Prüfungsteil Leseverstehen / Sprachbausteine haben Sie insgesamt 90 Minuten Zeit. Sie können in diesem Teil der Prüfung selbst entscheiden, wie viel Zeit Sie für die Erledigung der einzelnen Aufgaben aufwenden wollen.

Prüfungsteil Hörverstehen

Teil 1 Globalverstehen
Sie hören fünf kurze Texte, daneben lesen Sie fünf Aufgaben.
Sie sollen nun entscheiden, ob die Aussagen in den Aufgaben richtig oder falsch sind, d.h. ob die Aussagen den Inhalt des Hörtextes richtig wiedergeben oder nicht.

Teil 2 Detailverstehen
Sie hören ein längeres Gespräch / Interview, daneben lesen Sie zehn Aufgaben.
Sie sollen nun entscheiden, ob die Aussagen in diesen Aufgaben richtig oder falsch sind, d.h. ob die Aussagen den Hörtext richtig wiedergeben oder nicht.

Teil 3 Selektives Verstehen
Sie hören fünf kurze Texte, daneben lesen Sie fünf Aufgaben.
Sie sollen nun entscheiden, ob die Aussagen in den Aufgaben richtig oder falsch sind, d.h. ob die Aussagen einen Hörtext richtig wiedergeben oder nicht.

> Der Prüfungsteil Hörverstehen dauert ca. 30 Minuten.

Prüfungsteil Schriftlicher Ausdruck (Brief)

Sie sollen einen halb-formellen Brief als Reaktion auf eine Werbeanzeige, ein Angebot, einen anderen Brief oder etwas Ähnliches schreiben. Sie bekommen dazu vier thematische Punkte vorgegeben.

Für das Schreiben des Briefes haben Sie 30 Minuten Zeit.

2. Die mündliche Prüfung

Die mündliche Prüfung wird entweder als Einzel- oder als Paarprüfung durchgeführt.

Teil 1 Kontaktaufnahme
Sie sprechen mit Ihrer Partnerin / Ihrem Partner oder der Prüferin / dem Prüfer über sich selbst (z. B. Ausbildung, Berufstätigkeit, berufliche Pläne).

Teil 2 Gespräch über ein Thema
Sie sprechen mit Ihrer Partnerin / Ihrem Partner oder der Prüferin / dem Prüfer über ein Thema aus dem Berufsleben.
Dazu bekommen Sie vorher passende Informationen aus Bildern und Texten.

Teil 3 Gemeinsam eine Aufgabe lösen
Zusammen mit Ihrer Partnerin / Ihrem Partner planen Sie etwas (z. B. eine Besprechung, eine Dienstreise, einen dienstlichen Besuch), Sie machen dazu Vorschläge und reagieren auf die Vorschläge anderer.

Die mündliche Prüfung dauert ca. 15 Minuten.

Wer erhält ein Zertifikat? Bewertung und Benotung der Prüfung

Sie finden im Modelltest jeweils Hinweise darauf, wie viele Punkte Sie für das Erfüllen der einzelnen Aufgabe erreichen können. Für Sie vorab diese Information als Überblick (siehe Tabelle).
Um ein Zertifikat *telc Deutsch B1+ Beruf* zu erhalten, muss der bzw. die an der Prüfung Teilnehmende ein Ergebnis von mindestens 180 Punkten erreichen. Dazu müssen sowohl in der Mündlichen Prüfung als auch in der Schriftlichen Prüfung mindestens 60 Prozent der jeweils möglichen Höchstpunktzahl erreicht werden. Das entspricht 45 Punkten in der Mündlichen Prüfung und 135 Punkten in der Schriftlichen Prüfung.

Kann die Prüfung wiederholt werden?

Die Prüfung telc B1+ Beruf kann als Ganzes beliebig oft wiederholt werden. Falls nur die Mündliche Prüfung oder nur die Schriftliche Prüfung (Subtest 1 - 4) nicht bestanden worden ist, kann der jeweilige Prüfungsteil bis zum Ablauf des auf die Prüfung folgenden Kalenderjahres wiederholt werden.

Wie werden die Noten errechnet?

Das Gesamtergebnis errechnet sich durch Addition der Teilergebnisse und führt dann zu folgender Benotung:

270 - 300,0 Punkte:	sehr gut
240 - 269,5 Punkte:	gut
210 - 239,5 Punkte:	ausreichend

180 - 209,5 Punkte:	befriedigend
0 - 179,5 Punkte:	nicht bestanden

Wofür gibt es wie viele Punkte?

Schriftliche Prüfung

Subtest	Aufgabe	Punkte	Max. Punkte
1 Leseverstehen			
Teil 1	1–5	25	75
Teil 2	6–10	25	
Teil 3	11–20	25	
2 Sprachbausteine			
Teil 1	21–30	15	30
Teil 2	31–40	15	
3 Hörverstehen			
Teil 1	41–45	25	75
Teil 2	46–55	25	
Teil 3	56–60	25	
4 Schriftlicher Ausdruck			
Brief	Inhalt	15	45
	Kommunikative Gestaltung	15	
	Formale Richtigkeit	15	
Teilergebnis 1			**225**

Mündliche Prüfung

5 Mündlicher Ausdruck			
Teil 1	Kontaktaufnahme	15	75
Teil 2	Gespräch über ein Thema	30	
Teil 3	Gemeinsam eine Aufgabe lösen	30	
Teilergebnis 2			**75**

Teilergebnis 1 (Schriftliche Prüfung)	**225**
Teilergebnis 2 (Mündliche Prüfung)	**75**
Gesamtpunktzahl	**300**

Leseverstehen, Teil 1

Beschreibung des Prüfungsteils

Was bekommen Sie?
- zehn Betreffzeilen und fünf kurze Texte mit insgesamt 300 bis 350 Wörtern, wie sie im Berufsleben vorkommen
- 5 Aufgaben: Zuordnung der Betreffzeilen a – j

Was sollen Sie tun?
Zu jedem der Texte sollen Sie die entsprechende Betreffzeile auswählen, zu jedem Text passt nur eine der Betreffzeilen.

Im Gegensatz zu den übrigen Teilen der Prüfung ist dieser der einzige, bei dem Sie die Reihenfolge selbst bestimmen können, in der Sie die einzelnen Aufgaben lösen.
Sie haben zur Bearbeitung dieses Prüfungsteils (Leseverstehen und Sprachbausteine) insgesamt 90 Minuten Zeit. Es ist nun an Ihnen, diese Zeit vernünftig zu verteilen. Dabei sollen die Zeiten, die wir Ihnen für die Erledigung der einzelnen Aufgaben nennen, nur zu Ihrer Orientierung dienen. Sie sind für Sie nicht verbindlich – vorausgesetzt, Sie halten sich an die insgesamt verfügbare Zeit von 90 Minuten.

Unser Vorschlag:	Leseverstehen 1:	~ 15 Minuten
	Leseverstehen 2:	~ 30 Minuten
	Leseverstehen 3:	~ 15 Minuten
	Sprachbausteine 1:	~ 15 Minuten
	Sprachbausteine 2:	~ 15 Minuten
	Gesamtzeit:	90 Minuten

Wie wird dieser Teil bewertet?
Sie erhalten für jede richtige Antwort 5 Punkte, maximal also 25 Punkte in diesem Teil.

In der Prüfung lesen Sie

Lesen Sie die folgenden fünf Texte. Es fehlt jeweils der Betreff. Entscheiden Sie, welcher Betreff (a – j) am besten zu welcher Betreffzeile (1 – 5) passt.
Tragen Sie Ihre Lösungen für die Aufgaben 1 – 5 in den Antwortbogen ein.

1

Betreff:

Sehr geehrter Herr Vordran,
am 12.1.2015 hatten wir Ihnen die Nebenkostenabrechnung für die von Ihnen gemieteten Gewerberäume in unserem Objekt Birkenstr. 12 mit der Aufforderung zugesandt, den offen stehenden Betrag von € 1155,32 innerhalb von zwei Wochen auf unser Konto zu überweisen. Diese Zahlung ist bis heute nicht eingegangen. Wir setzen Ihnen nun eine letzte Frist bis zum 8.3.2015 und erwarten die Begleichung unserer Forderung.
Bitte vermeiden Sie im beiderseitigen Interesse rechtliche Auseinandersetzungen.

Mit freundlichen Grüßen
Otto Bohnsack
WOHNBAU NEUSTADT

2 **Betreff:**

Wenn Sie zur Zeit einen Job suchen und sich bewerben wollen, dann sollte Ihre Bewerbungsmappe vollständig, fehlerfrei und attraktiv sein. Wir haben die Erfahrung und helfen Ihnen bei der Formulierung von Briefen und Lebensläufen, außerdem beraten wir Sie bei der Zusammenstellung Ihrer Mappe. Auf Wunsch trainieren wir mit Ihnen auch für ein späteres Vorstellungsgespräch. Interessiert?
Dann rufen Sie einfach an und wir informieren Sie über die Einzelheiten

Sprachendienst Wiegand, Tel. 0221 - 123123123

3 Betreff:

Für einen neuen Mitarbeiter und seine Familie suchen wir zum nächstmöglichen Termin eine Wohnung zu mieten: 4 Zimmer, mindestens 80 m², moderner Standard, zentrumsnah gelegen und mit öffentlichen Verkehrsmitteln gut erreichbar.
Angebote senden Sie bitte an PR-Agentur M&M, Postfach 123123, 40200 Düsseldorf

4 **Betreff:**

Sehr geehrte Damen und Herren,
Ihre schnelle Antwort auf meine Anfrage hat mich sehr gefreut. Leider waren die Unterlagen aber nicht vollständig; die Preislisten fehlten. Ich bitte Sie, diese - wenn möglich - umgehend nachzusenden.

Bert Mayer, Grafikdesigner

5 Betreff:

Sehr geehrte Frau Fehlemann,
für Ihr Angebot zur Reinigung der Dienstkleidung unserer Außendienst-Mitarbeiter bedanke ich mich.
Wir bestellen hiermit nach Ihrem Leistungskatalog den Service C (Wochenend-Variante).
Die zu reinigenden Kleidungsstücke sind in unseren Betriebsräumen jeweils am Freitag zwischen 15 und 16 Uhr abzuholen und nach Bearbeitung an dem darauf folgenden Montag zwischen 7 und 8 Uhr wieder hier anzuliefern. Im Falle von Feiertagen treffen wir dann rechtzeitig eine Sonderregelung.

Mit freundlichen Grüßen
Gebäudereinigung GUTESICHT
Eva Schulzensohn, Abteilungsleiterin

a **Anfrage**

b **Angebot**

c **Auftragsbestätigung**

d **Bewerbung**

e **Bestellung**

f **Hilfe bei Bewerbungen**

g **Mahnung**

h **Rabatt**

i **Reklamation**

j **Wohnungssuche**

Kommentierter Modelltest

So geht's

1 Lesen Sie die Arbeitsanweisung und beantworten Sie anschließend die Fragen.

Lesen Sie die folgenden fünf Texte. Es fehlt jeweils der Betreff. Entscheiden Sie, welcher Betreff (a – j) am besten zu welcher Betreffzeile (1 – 5) passt.
Tragen Sie Ihre Lösungen für die Aufgaben 1 – 5 in den Antwortbogen ein.

a Wie viele Aufgaben gibt es im Teil Leseverstehen 1?

☐ 5   ☐ 10

b Wie viele Auswahlmöglichkeiten gibt es für jede Aufgabe?

☐ 3   ☐ 5   ☐ 10

2 Lesen Sie den Text und die Aufgaben und markieren Sie die wichtigsten Informationen.

Diese Aufgabe entspricht dem Lernziel Globalverstehen. Hier wird von Ihnen erwartet, dass Sie den Sinn und die zentrale Aussage des Textes verstehen.
Ob Sie zuerst die Texte oder zuerst die Betreffzeilen lesen, sollten Sie ausprobieren. Falls Sie zuerst die Texte lesen, sollten Sie Wörter, die einen Hinweis auf die Textsorte geben, unbedingt markieren. Falls Sie zuerst die Betreffzeilen lesen, sollten Sie in den Texten nach gleichen oder ähnlichen Wörtern suchen.

Betreff:

Sehr geehrte Damen und Herren,
Ihre schnelle Antwort auf meine Anfrage hat mich sehr gefreut. Leider waren die Unterlagen aber nicht vollständig; die Preislisten fehlten. Ich bitte Sie, diese – wenn möglich – umgehend nachzusenden.

Bert Mayer, Grafikdesigner

a **Anfrage**

b **Angebot**

c **Auftragsbestätigung**

d **Bewerbung**

e **Bestellung**

f **Hilfe bei Bewerbungen**

g **Mahnung**

h **Rabatt**

i **Reklamation**

j **Wohnungssuche**

3 Markieren Sie die Lösung in der Aufgabe.

Der Grafiker Bert Mayer reklamiert, dass die Preislisten fehlten. Hier ist die Reklamation in der Formulierung „versteckt".

4 Denken Sie bitte daran, zum Schluss alle Lösungen auf den Antwortbogen zu übertragen.

1 Leseverstehen

1	a	b	c	d	e	f	g	h	i	j	1
2	a	b	c	d	e	f	g	h	i	j	2
3	a	b	c	d	e	f	g	h	i	j	3
4	a	b	c	d	e	f	g	h	i (marked)	j	4
5	a	b	c	d	e	f	g	h	i	j	5

6	a	b	c	6
7	a	b	c	7
8	a	b	c	8
9	a	b	c	9
10	a	b	c	10

5 Lösen Sie jetzt die komplette Prüfungsaufgabe.

Haben Sie die richtigen Lösungen gefunden?

- **1 g** Die Firma WOHNBAU NEUSTADT teilt mit, dass eine Zahlung bis heute nicht eingegangen ist. Sie setzt eine Frist. Dies ist der eindeutige Hinweis auf eine Mahnung.
- **2 f** Der Sprachendienst Wiegand bietet Hilfe zu den kompletten Bewerbungsunterlagen an. Die Wörter „helfen" und „Bewerbung" kommen beide im Text vor.
- **3 j** Hier wird für einen Mitarbeiter eine Wohnung gesucht. Die Wörter „Wohnung" und „suchen" kommen im Text vor.
- **4 i** Der Grafiker Bert Mayer reklamiert, dass „die Preislisten fehlten". Hier ist die Reklamation in der Formulierung „versteckt".
- **5 e** Eva Schulzensohn bestellt den Service C aus dem Leistungskatalog. Das Wort „bestellen" kommt im Text vor.

Leseverstehen, Teil 2

Beschreibung des Prüfungsteils

Was bekommen Sie?

- längere E-Mails mit 300 bis 350 Wörtern, mindestens eine Ausgangs-E-Mail und die Antwort darauf, in der Regel eine Ausgangs-Mail mit einer Antwort und einer Rückantwort mit Bezug zum Arbeitsplatz bzw. Beruf
- 5 Aufgaben mit je 3 Antwortmöglichkeiten (a, b, c)

Was sollen Sie tun?

In jeder Aufgabe lesen Sie drei Sätze. Sie entscheiden, welcher der Sätze (a, b oder c) einem der Textinhalte am genauesten entspricht.

Wie wird dieser Teil bewertet?

Sie erhalten für jede richtige Antwort 5 Punkte, maximal also 25 Punkte in diesem Teil.

In der Prüfung lesen Sie

Lesen Sie den Text und die Aufgaben 6–10. Welche Lösung (a, b oder c) ist jeweils richtig? Markieren Sie Ihre Lösungen für die Aufgaben 6–10 auf dem Antwortbogen.

Von: Klinikum Neustadt, Pflegedienstleitung
An: vhs-neustadt@stadt-neustadt.de
Betreff: Anfrage wegen eines Praktikums

Sehr geehrte Frau Oswald,
für Ihre schnelle Antwort bedanke ich mich herzlich. Wir nehmen Ihr Angebot gerne an. Wegen des Termins für das Informationsgespräch wird sich unsere Kollegin Frau Sonntag als pädagogische Betreuungslehrerin rechtzeitig mit Ihnen in Verbindung setzen und auch dafür sorgen, dass dann die ärztlichen Atteste bereits vorgelegt werden können.
Wir freuen uns auf eine gute Zusammenarbeit und grüßen Sie freundlichst
Dr. Dirk Bastian, Leiter der VHS

Margot Oswald schrieb:
> An: vhs-neustadt@stadt-neustadt.de
> Von: klinikum-pflegedienstleitung@stadt-neustadt.de
> Betreff: Anfrage wegen eines Praktikums

> Sehr geehrter Herr Dr. Bastian:
> wir freuen uns über Ihre Anfrage und Ihr Engagement in der Förderung zugewanderter Fachkräfte. Gerne
> bieten wir Ihnen folgende Plätze für Praktikantinnen an: einen Platz in der Geriatrie, einen Platz in der
> Kinderklinik und einen weiteren in der Klinik für Inneres.
> Wenn Sie unser Angebot annehmen, laden wir die Praktikantinnen zusammen mit ihrer
> Betreuungslehrerin zu einem Informationsgespräch ein. Die Praktikantinnen müssen uns durch ein
> Attest des Hausarztes nachweisen, dass sie frei von ansteckenden Krankheiten sind.
> Dienstkleidung wird aus hygienischen Gründen vom Krankenhaus gestellt. Die fachliche Betreuung
> übernimmt der zuständige Pflegedienst.
> Für weitere Informationen stehen wir gerne zur Verfügung.
> Mit freundlichen Grüßen
> Margot Oswald, Leiterin des Pflegedienstes

Dr. Bastian schrieb:
> An: Klinikum Neustadt, Pflegedienstleitung
> Von: vhs-neustadt@stadt-neustadt.de
> Betreff: Anfrage wegen eines Praktikums

> Sehr geehrte Damen und Herren,
> wie Sie wissen führen wir die vom Bundesamt für Migration und Flüchtlinge (BAMF) geförderten
> ESF-Kurse durch. Dort sollen Teilnehmende ihre deutschen Sprachkenntnisse erweitern und auf die
> deutsche Arbeitswelt vorbereitet werden. Dazu gehören über jeweils sechs Monate laufende
> Betriebspraktika, die begleitend zum Lehrgang besucht werden müssen. Auch für den laufenden
> Lehrgang suchen wir wieder geeignete Praktikumsplätze.
> Unter den Teilnehmenden befinden sich drei Frauen, die in ihren Heimatländern in Krankenpflege
> ausgebildet worden sind und später in Deutschland wieder in ihrem Beruf arbeiten wollen.
> Deshalb fragen wir heute:
> – Können Sie diesen drei Frauen Praktikumsplätze zur Verfügung stellen?
> – Welche Bedingungen/Auflagen sind damit verbunden?
> – In welcher Abteilung und unter wessen Betreuung können diese Praktika stattfinden?

> Wir freuen uns auf eine positive Antwort und verbleiben
> mit freundlichen Grüßen
> Dr. Dirk Bastian, VHS-Leiter

Achtung!
Die Aufgaben stehen nicht immer in der gleichen Reihenfolge wie die Informationen im Text.

6 **Herr Dr. Bastian fragt,**
- **a** ob das Praktikum im Januar stattfinden kann.
- **b** ob er drei Praktikanten schicken darf.
- **c** wie viel die Praktikanten verdienen.

7 **Frau Oswald**
- **a** bestätigt den Januar als Termin.
- **b** lehnt eine Bezahlung ab.
- **c** verlangt von den Praktikanten ärztliche Atteste.

8 **Frau Sonntag von der VHS**
- **a** will vorher einen Praktikumsplan sehen.
- **b** wird die Praktikanten pädagogisch betreuen.
- **c** wird drei Wochen in der Klinik arbeiten.

9 **Frau Oswald**
- **a** bevorzugt Frauen im Praktikum.
- **b** möchte die Namen und Anschriften der Praktikanten vorher wissen.
- **c** stellt Dienstkleidung vom Krankenhaus zur Verfügung.

10 **Herr Dr. Bastian**
- **a** freut sich auf die Zusammenarbeit.
- **b** möchte die Jugendlichen im Praktikum besuchen.
- **c** wird mit den Hausärzten der Praktikanten sprechen.

Kommentierter Modelltest

So geht's

1 Lesen Sie die Arbeitsanweisung.

> Lesen Sie den Text und die Aufgaben 6–10. Welche Lösung (a, b oder c) ist jeweils richtig?
> Markieren Sie Ihre Lösungen für die Aufgaben 6–10 auf dem Antwortbogen.

a Wie viele Aufgaben gibt es im Teil Leseverstehen Teil 2?

☐ 5 ☐ 10

b Wie viele Auswahlmöglichkeiten gibt es für jede Aufgabe?

☐ 2 (richtig / falsch) ☐ 3 (a, b, c) ☐ 10 (a – j)

2 Lesen Sie die Texte und markieren Sie Informationen.

Diese Leseaufgabe entspricht dem Lernziel Detailverstehen. Hier wird von Ihnen erwartet, dass Sie die Einzelheiten des Textes genau verstehen.
Außerdem entspricht die Reihenfolge der Aufgaben nicht immer den Informationen im Text.

- Lesen Sie die E-Mails immer von unten nach oben, so erhalten Sie den Inhalt der Korrespondenz in der richtigen Reihenfolge.
- Versuchen Sie zu Beginn, die zentralen Informationen der E-Mails zu verstehen, lesen Sie möglichst schnell. Lesen Sie nun die Aufgaben und suchen Sie in den E-Mails nach den Textteilen, die den Aufgaben am genauesten entsprechen und markieren Sie diese.
- Es kann sein, dass Sie einige Wörter nicht verstehen. Versuchen Sie hier die richtige Lösung aus dem Zusammenhang heraus zu verstehen.

3 Markieren Sie die Lösung in der Aufgabe.

> Können Sie diesen drei Frauen Praktikumsplätze zur Verfügung stellen?

6 Herr Bastian fragt,
a ob das Praktikum im Januar stattfinden kann.
b ob er drei Praktikanten schicken darf.
c wie viel die Praktikanten verdienen.

4 Denken Sie bitte daran, zum Schluss alle Lösungen auf den Antwortbogen zu übertragen.

5 Lösen Sie jetzt die komplette Prüfungsaufgabe.

Haben Sie die richtigen Lösungen gefunden?

➔ **6 b** „Können Sie diesen drei Frauen Praktikumsplätze zur Verfügung stellen?" Diese Information finden Sie in der Ausgangs-E-Mail im Fragenkatalog von Dr. Bastian von der VHS. Hier müssen Sie darauf achten, dass Dr. Bastian kein Arzt ist, sondern der VHS-Leiter. Die Wörter „Januar" und „verdienen" kommen im Text nicht vor.

➔ **7 c** „Die Praktikantinnen müssen uns durch ein Attest des Hausarztes nachweisen, dass sie frei von ansteckenden Krankheiten sind." Diese Information finden Sie in der Antwort-E-Mail von Frau Oswald. Frau Oswald schreibt nur eine E- Mail. Die Lösung muss also hier zu finden sein. Die Wörter „Januar" und „Bezahlung" kommen im Text nicht vor.

➔ **8 b** „Wegen des Termins für das Informationsgespräch wird sich unsere Kollegin Frau Sonntag als Betreuungslehrerin rechtzeitig mit Ihnen in Verbindung setzen ..." Diese Information finden Sie in der Rückantwort von Herrn Dr. Bastian von der VHS. Hier müssen Sie zwischen der pädagogischen Betreuung durch die VHS und der fachlichen Betreuung durch die Klinik, wie in der E-Mail von Frau Oswald beschrieben, unterscheiden. Frau Sonntag arbeitet bei der VHS, das Wort „Praktikumsplan" kommt im Text nicht vor.

➔ **9 c** „Dienstkleidung wird aus hygienischen Gründen vom Krankenhaus gestellt." Diese Information finden Sie in der Antwort-E-Mail von Frau Oswald. Dass diese Information hier zu finden ist, können Sie aus dem Begriff „Dienstkleidung" ableiten. Dienstkleidung für Praktikanten wird in der Regel vom Arbeitgeber gestellt. Der Text enthält keine Information, dass Frauen bevorzugt werden, und es wird auch nicht nach den Namen und Adressen der Praktikanten gefragt.

➔ **10 a** „Wir freuen uns auf eine gute Zusammenarbeit und ..." Diese Information finden Sie in der Rückantwort von Dr. Bastian von der VHS. Es handelt sich hier um die Schlussformel eines Briefs oder einer E-Mail, und diese findet sich in der Regel am Ende. Die Betreuung der Praktikanten übernimmt Frau Sonntag, und es gibt keine Aussage dazu, dass Dr. Bastian mit den Hausärzten der Praktikanten spricht.

Leseverstehen, Teil 3

Beschreibung des Prüfungsteils

Was bekommen Sie?

- zehn kurze Aussagen, die bei einer Stellensuche bedeutend sein können
- Außerdem erhalten Sie zwölf authentische Stellenanzeigen, die zu maximal drei Themenbereichen gehören. Die Aussagen und Stellenanzeigen haben insgesamt ca. 300 bis 350 Wörter.
- zehn Aufgaben: a – l

Was sollen Sie tun?
Sie sollen zu jeder Aussage die passende Stellenanzeige finden.
Sie werden zu einer oder zwei Aussagen keine Stellenanzeige finden, hier müssen Sie als Lösung dann „**X**" ankreuzen.

Wie wird dieser Teil bewertet?
Sie erhalten für jede richtige Antwort 2,5 Punkte, also maximal 25 Punkte in diesem Teil.

In der Prüfung lesen Sie

**Lesen Sie die Situationen 11 – 20 und die Anzeigen a – l. Finden Sie für jede Situation die passende Anzeige. Sie können jede Anzeige nur einmal benutzen.
Markieren Sie Ihre Lösungen für die Aufgaben 11 – 20 auf dem Antwortbogen.
Wenn Sie zu einer Situation keine Anzeige finden, markieren Sie ein X.**

11 Sie sind Krankenschwester und suchen eine Vollzeitstelle in einem privaten Haushalt.

12 Sie haben schon in ihrem Heimatland als Verkäuferin im Lebensmittelhandel gearbeitet und suchen eine Vollzeitstelle.

13 Sie haben gerade eine Ausbildung zur Physiotherapeutin abgeschlossen und suchen eine angemessene Tätigkeit.

14 Sie lieben schöne Gärten und suchen zurzeit eine Nebentätigkeit.

15 Sie kennen sich gut aus in der Betreuung von Häusern mit Gärten und suchen eine entsprechende Stelle.

16 Sie sind Krankenschwester mit ausgeprägtem Interesse an Naturheilkunde und suchen eine entsprechende Stelle.

17 Sie haben bereits Erfahrung als Verkäufer in einem Baumarkt sammeln können und suchen eine interessante Vollzeitstelle.

18 Sie sind ausgebildeter Gärtner und suchen einen interessanten Sommerjob.

19 Sie haben keine Ausbildung und suchen eine Teilzeittätigkeit.

20 Sie haben Erfahrung mit der Reinigung von Häusern und kümmern sich mit Liebe um Gärten, können aber wegen Ihrer kleinen Kinder noch keine Vollzeitstelle annehmen.

a

Sie sind ein erfahrener Hausmeister? Organisieren, pflegen und reparieren – kein Problem? Sie behalten stets den Überblick, tragen gerne Verantwortung für Sauberkeit und Ordnung? Sie haben einen Führerschein? Dann bewerben Sie sich! Wir bieten eine Vollzeitstelle. SERVICE PLUS: ☎ 0177 123123123

b

Krankenschwester mit Liebe zur ganzheitlichen Medizin für naturkundliche Privatklinik in Bogenhausen gesucht. Vielseitiges Aufgabengebiet, harmonisches Arbeitsklima.

www.pra-nat-med.com, ☎ 089 7654321

c

Grüne Putzteufelin gesucht!

Für 3-Personen-Haushalt im gepfl. EFH mit großem Garten in HH-Blankenese. Gesucht wird eine zuverlässige Putzkraft für 8 - 10 Stunden / Woche. Interesse an Gartenpflege wäre von Vorteil.
☎ 040 24681012

d

Jetzt Nebenjob – später vielleicht Fulltime!

Engagierter Mann ab 30 J. gesucht, der Freude an Natur und ihrer Pflege hat und mit Liebe und Sachverstand unsere Gartenanlage betreut. Führerschein Bedingung, technisches Verständnis für kleinere Reparaturen wäre von Vorteil.

☎ 0211 23242526

e

Krankenschwester / Krankenpfleger für Privathaushalt nach Hannover gesucht.

Sie arbeiten ganztags und kümmern sich liebevoll um die Dame des Hauses.

✉ ZA 543210 DIE ZEIT, 21010 Hamburg

f

Gärtner für privates Anwesen in Meerbusch gesucht. Wir erwarten Erfahrung in Parkpflege auf Basis entsprechender Ausbildung. Technisches Geschick für Reparaturen und Führerschein sollten vorhanden sein. Wir bieten ein befristetes Arbeitsverhältnis bis Ende Oktober 2015. Bewerbung an:

Dr. Meyer, Luegallee 100, 40474 Düsseldorf

g

Für Lotto-Annahmestellen im Raum Köln / Leverkusen suchen wir mehrere tüchtige, auch ungelernte Teilzeitkräfte. Bei Interesse bitte melden unter: ☎ 02171 9978654

h

Suche Kinderkrankenschwester für gehobenen Haushalt mit 7-jährigem behinderten Sohn in Zehlendorf. Arbeitszeiten: montags-freitags von ca. 12.00 bis 19.00 Uhr. Erwünschte Tätigkeiten: Kinderbetreuung im Hause, Begleitung zu Therapien und außerschulischen Aktivitäten. Angemessene Entlohnung zugesagt.

Kanzlei@notare-sbb.de oder ☎ 030-242436348

i

Erfahrene/r Verkäufer/in als Vollzeitkraft für Bio-Supermarkt in Köln-Mühlheim dringend gesucht. BIO Sevenich,
☎ 0221 3434567

j

Verkäufer (m/w) in Teilzeit gesucht! Raum Köln. Zum nächstmöglichen Zeitpunkt suchen wir einen lernfähigen Verkäufer mit Begeisterung für Watt, Volt & Co. in Teilzeit. Bewerbungen per E-Mail an: Elektro-Suerkamp@mail.de

k

Immobilienverwaltung sucht Fachkraft (m/w) zur Betreuung mehrerer Anwesen mit guten Kenntnissen in Garten- und Parkpflege.
✉ 134367 RP 40196 Düsseldorf

l

**Wir suchen eine Physiotherapeutin und eine Krankenschwester für Pflege- und REHA-Maßnahmen bei unseren unfallverletzten Eltern in freier Mitarbeit nach Bonn-Endenich.
☎ 0228 2457899**

Kommentierter Modelltest

So geht's

1 Lesen Sie die Arbeitsanweisung.

> Lesen Sie die Situationen 11–20 und die Anzeigen a–l. Finden Sie für jede Situation die passende Anzeige.
> Sie können jede Anzeige nur einmal benutzen.
> Markieren Sie Ihre Lösungen für die Aufgaben 11–20 auf dem Antwortbogen.
> Wenn Sie zu einer Situation keine Anzeige finden, markieren Sie ein **X**.

a Wie viele Aufgaben gibt es im Teil Leseverstehen 3?

☐ 2 ☐ 5 ☐ 10

b Wie viele Auswahlmöglichkeiten gibt es für jede Aufgabe?

☐ 12 (a–l) ☐ 3 (a, b, c) ☐ 2 (plus / minus)

2 Lesen Sie die Anzeigen und die Aufgaben.

Diese Leseaufgabe entspricht dem Lernziel selektives Verstehen. Hier wird von Ihnen erwartet, dass Sie sich auf die den Aussagen entsprechenden Anzeigen konzentrieren, also die drei Themenbereiche vorab unterscheiden und nur in den Anzeigen nach der Lösung suchen, die dem Themenbereich der Aussagen entsprechen.

Markieren Sie die drei Themenbereiche in den Aussagen und den Anzeigen, z. B. durch eine Nummerierung: 1, 2, 3 in dem Aufgabenteil. Sehen Sie sich dann in der Aufgabenfolge die einzelnen Aussagen an und suchen Sie nach der entsprechenden Anzeige.

> Da Sie mindestens eine, maximal zwei Aufgabe/n mit der Lösung „**X**" haben, sollten Sie, falls Sie unsicher sind, zur nächsten Aufgabe übergehen und am Ende nach der/den Aufgabe/n mit der Lösung „**X**" suchen.

3 Markieren Sie die Lösung in der Aufgabe.

> **16** Sie sind Krankenschwester mit ausgeprägtem Interesse an Naturheilkunde und suchen eine entsprechende Stelle.

b

> Krankenschwester mit Liebe zur ganzheitlichen Medizin für naturkundliche Privatklinik in Bogenhausen gesucht. Vielseitiges Aufgabengebiet, harmonisches Arbeitsklima.
> www.pra-nat-med.com, ☎ 089 7654321

4 Denken Sie bitte daran, zum Schluss die Lösungen auf den Antwortbogen zu übertragen.

5 Lösen Sie jetzt die komplette Prüfungsaufgabe.

Haben Sie die richtigen Lösungen gefunden?

Es gibt drei Themenbereiche: Gesundheit, Verkauf und Garten- und Hauspflege

- **11 e** Sie sind hier im Bereich Gesundheit. Sowohl in der Aussage als auch in der Anzeige finden Sie den Hinweis auf einen privaten Haushalt und eine Beschäftigung in Vollzeit.
- **12 i** Sie sind hier im Bereich Verkauf. Die Information Lebensmittel und Supermarkt gehören hier zusammen.
- **13 l** Sie sind hier im Bereich Gesundheit. Sowohl in der Aussage als auch in der Anzeige finden Sie das Wort „Physiotherapie".
- **14 d** Sie sind hier im Bereich Garten- und Hauspflege. Die Wörter „Nebentätigkeit" und „Nebenjob" sind Ihre Hilfe für die richtige Zuordnung.
- **15 k** Sie sind hier im Bereich Garten- und Hauspflege. Die Wörter „Betreuung", „Garten" und „Parkpflege" sind Ihre Hilfe für die richtige Zuordnung.
- **16 b** Sie sind hier im Bereich Gesundheit. Sowohl in der Aussage als auch in der Anzeige finden Sie den Hinweis auf „Naturheilkunde" bzw. eine „naturheilkundliche" Klinik.
- **17 X** Sie sind hier im Bereich Verkauf. Für diese Aussage gibt es keine Anzeige. Das Risiko hier ist die Anzeige j. Hier geht es aber um eine Teilzeitstelle. In der Aussage geht es aber um eine Vollzeitstelle. Also gibt es hier keine Übereinstimmung.
- **18 f** Sie sind hier im Bereich Garten- und Hauspflege. Sowohl in der Aussage als auch in der Anzeige geht es um eine befristete Tätigkeit. Das Wort „Sommerjob" und der Satz „Wir bieten ein befristetes Arbeitsverhältnis bis Ende 2015" sind Ihre Hilfe für die richtige Zuordnung.
- **19 g** Sie sind hier im Bereich Verkauf. Die Wörter „keine Ausbildung", „Teilzeittätigkeit" und „ungelernte Teilzeitkräfte" sind Ihre Hilfe für die richtige Zuordnung.
- **20 c** Sie sind hier im Bereich Garten- und Hauspflege. Hier helfen Ihnen die Wörter „Gärten", „keine Vollzeitstelle", „Garten" und „8 – 10 Stunden / Woche".

Sprachbausteine, Teil 1

Beschreibung des Prüfungsteils

Was bekommen Sie?

- einen Lückentext mit ungefähr 150 Wörtern, z.B. ein Informationsschreiben oder andere Rundschreiben mit Bezug zum Arbeitsplatz bzw. Beruf
- 10 Auswahlaufgaben: a, b, c

Was sollen Sie tun?
Entscheiden Sie bei jeder Lücke, welche der Antwortmöglichkeiten (a, b oder c) passt.

ca. 15 Min. (Leseverstehen und Sprachbausteine zusammen 90 Min.)

Wie wird dieser Teil bewertet?
Sie erhalten für jede richtige Antwort 1,5 Punkte, maximal also 15 Punkte in diesem Teil.

In der Prüfung lesen Sie

Lesen Sie den Text und schließen Sie die Lücken 21–30. Welche Lösung (a, b oder c) ist jeweils richtig? Markieren Sie Ihre Lösungen für die Aufgaben 21–30 auf dem Antwortbogen.

Der Betriebsrat informiert: Gesundheit am Arbeitsplatz

Letzte Woche fand __21__ unserer Firma eine Weiterbildung zum Thema „Gesundheit am Arbeitsplatz" statt. Wir möchten hier die wichtigsten Hinweise zusammenfassen, __22__ leider nicht alle Kolleginnen und Kollegen an der Weiterbildung teilnehmen konnten.

Arbeit am Computer
Bei der Arbeit an einem Computer sollte man unbedingt __23__ die richtige Entfernung zum Bildschirm achten. Setzen Sie sich nicht zu nah an den Bildschirm, __24__ das zu Problemen mit den Augen führen kann. Denken Sie auch __25__, den passenden Schreibtischstuhl zu benutzen: Der Stuhl darf nicht zu niedrig oder zu hoch sein. Die Rückenlehne muss richtig eingestellt werden. Wenn Sie dabei Hilfe brauchen, können Sie sich jederzeit __26__ den Betriebsrat wenden.

Raumklima
Da wir in unserer Firma keine Klimaanlage haben, ist das richtige Heizen und Lüften der Büroräume besonders wichtig. Öffnen Sie die Fenster am __27__ während der Pausen für mindestens fünf Minuten. Schalten Sie im Winter bitte die Heizung aus, __28__ Sie die Fenster öffnen.

Pausen
Achten Sie darauf, regelmäßig Pausen __29__. Wenn es möglich ist, bewegen Sie sich während der Pausen und machen Sie zum Beispiel einen kurzen Spaziergang. Diese Erholungsphasen sind wichtig für den Körper – und außerdem __30__ Sie sich danach wieder besser konzentrieren.

21 a an
b in
c im

22 a da
b obwohl
c seit

23 a an
b auf
c für

24 a obwohl
b sodass
c weil

25 a damit
b daran
c davon

26 a an
b bei
c über

27 a besseren
b besten
c bestens

28 a sodass
b weil
c wenn

29 a machen
b machen zu
c zu machen

30 a dürfen
b können
c müssen

So geht's

1 Lesen Sie die Arbeitsanweisung und beantworten Sie anschließend die Fragen.

> Lesen Sie den Text und schließen Sie die Lücken 21–30. Welche Lösung (a, b oder c) ist jeweils richtig? Markieren Sie Ihre Lösungen für die Aufgaben 21–30 auf dem Antwortbogen.

a Wie viele Aufgaben gibt es im Teil Sprachbausteine, Teil 1?

☐ 10 ☐ 30

b Wie viele Auswahlmöglichkeiten gibt es zu jeder Aufgabe?

☐ 15 (a–o) ☐ 3 (a, b und c)

2 Lesen Sie den Lückentext Satz für Satz. Überlegen Sie bei jeder Lücke, welche Lösung (a, b oder c) passen könnte. Für die Aufgaben brauchen Sie Ihre Grammatikkenntnisse. Manchmal gibt es aber auch Aufgaben zum Wortschatz.

Der Betriebsrat informiert: Gesundheit am Arbeitsplatz

Letzte Woche fand __21__ unserer Firma eine Weiterbildung zum Thema „Gesundheit am Arbeitsplatz" statt.

21 a an
b in
c im

3 Markieren Sie Ihre Lösung direkt in der Aufgabe oder schreiben Sie die Lösung in die Lücke.

> **Der Betriebsrat informiert: Gesundheit am Arbeitsplatz**
>
> Letzte Woche fand __21 in__ unserer Firma eine Weiterbildung zum Thema „Gesundheit am Arbeitsplatz" statt.

21 **a** an
~~**b**~~ in
c im

4 Denken Sie daran, zum Schluss alle Lösungen auf den Antwortbogen zu übertragen.

5 Lösen Sie jetzt die komplette Prüfungsaufgabe.

Haben Sie die richtigen Lösungen gefunden?

- **21 b** Die Präposition „in" (wo?) ist hier richtig und muss ohne Artikel verwendet werden, weil „unserer" als Possessivartikel schon dort steht.
- **22 a** Im zweiten Satzteil steht der Grund dafür, warum in diesem Schreiben Informationen an alle Mitarbeiter geschickt werden (nicht alle waren bei der Weiterbildung). In den Antwortmöglichkeiten ist „da" die einzige Konjunktion, mit der man einen Grund einleitet.
- **23 b** Das Verb ist „achten" und die dazugehörige Präposition „auf".
- **24 c** Im zweiten Satzteil steht der Grund dafür, warum man sich nicht zu nah an den Bildschirm setzen soll. In den Antwortmöglichkeiten ist „weil" die einzige Konjunktion, mit der man einen Grund einleitet.
- **25 b** Das Verb ist „denken" und die dazugehörige Präposition „an", das passende Präpositionaladverb ist „daran".
- **26 a** Das Verb ist „(sich) wenden" und die dazugehörige Präposition „an".
- **27 b** Der Superlativ von gut ist „am besten".
- **28 c** Hier geht es um den Zeitpunkt, zu dem Sie die Heizung ausschalten sollen (wann?) und die passende Konjunktion ist „wenn".
- **29 c** In diesem Satz müssen Sie „zu + Infinitiv" verwenden, deshalb ist „zu machen" richtig.
- **30 b** Überlegen Sie, welches Modalverb passt: „dürfen" wird benutzt, wenn etwas erlaubt ist; „können" wird benutzt, wenn etwas möglich ist; „müssen" wird benutzt, wenn etwas notwendig ist. Achten Sie auf den Inhalt des Satzes: Es geht darum, dass der Körper sich erholt. Wenn der Körper sich erholt hat, ist es wieder möglich, konzentriert zu arbeiten. Die Modalverben „dürfen" (= erlauben Sie sich zu konzentrieren) und „müssen" (= zwingen Sie sich zu konzentrieren) ergeben hier inhaltlich keinen Sinn. Richtig ist daher „können".

Sprachbausteine, Teil 2

Beschreibung des Prüfungsteils

Was bekommen Sie?

- einen Lückentext mit ungefähr 150 Wörtern, z. B. ein Informationsschreiben, eine E-Mail oder andere Korrespondenz, die typischerweise in einer Firma verschickt bzw. gelesen wird
- 15 Antwortmöglichkeiten (a – o), von denen 5 nicht zugeordnet werden können

Was sollen Sie tun?

Entscheiden Sie bei jeder Lücke, welche der Antwortmöglichkeiten (a – o) passt.

ca. 15 Min. (Leseverstehen und Sprachbausteine zusammen 90 Min.)

Wie wird dieser Teil bewertet?

Sie erhalten für jede richtige Antwort 1,5 Punkte, maximal also 15 Punkte in diesem Teil.

In der Prüfung lesen Sie

Lesen Sie den Text und schließen Sie die Lücken 31 – 40. Benutzen Sie die Wörter a – o.
Jedes Wort passt nur einmal.
Markieren Sie Ihre Lösungen für die Aufgaben 31 – 40 auf dem Antwortbogen.

Von: b.schmidt@schlau-bau.eu
An: bestellungen@werkzeug-mueller.de
Betreff: Reklamation

Sehr geehrte Damen und Herren,

wie Sie wissen, sind wir seit vielen Jahren Kunde bei Ihnen. In der letzten Woche haben wir folgende Waren bei Ihnen __31__:

20 Akkuschrauber (Firma Bohrblitz), Bestell-Nr. BB-789-Z
20 Ersatzakkus (Firma Bohrblitz), Bestell-Nr. BB-32-2
100 Packungen Schrauben à 500 Schrauben (sortiert), Bestell-Nr. WS-111-P
100 Packungen Dübel à 500 Dübel (sortiert), Bestell-Nr. WS-219-L

Wir hatten eine Express-Lieferung in Auftrag __32__ und die Lieferung kam gestern auch pünktlich bei uns __33__. Leider ist die Ware aber nicht __34__. Wir haben alle Schrauben und Dübel __35__, aber es waren nur 10 Akkuschrauber und Ersatzakkus im Paket. Wir brauchen das Werkzeug sehr dringend, __36__ wir in 3 Tagen auf einer Großbaustelle sind.
Bitte senden Sie uns die fehlenden Waren innerhalb der nächsten 48 Stunden __37__. Wir erwarten auch, dass Sie die Versandkosten für die Nachlieferung __38__.

Wenn wir das Werkzeug bis übermorgen nicht haben, __39__ wir leider einen neuen Lieferanten suchen.

Wir hoffen auf eine schnelle __40__ des Problems!

Mit freundlichen Grüßen
B. Schmidt

a an	**d** dürfen	**g** gegeben	**j** müssen	**m** vollständig
b Antwort	**e** erhalten	**h** haben	**k** obwohl	**n** weil
c bestellt	**f** ganz	**i** Lösung	**l** übernehmen	**o** zu

So geht's

1 Lesen Sie die Arbeitsanweisung und beantworten Sie anschließend die Fragen.

Lesen Sie den Text und schließen Sie die Lücken 31–40. Benutzen Sie die Wörter a–o.
Jedes Wort passt nur einmal.
Markieren Sie Ihre Lösungen für die Aufgaben 31–40 auf dem Antwortbogen.

a Wie viele Aufgaben gibt es im Teil Sprachbausteine, Teil 2?

☐ 10 ☐ 15

b Wie viele Antwortmöglichkeiten gibt es insgesamt?

☐ 10 ☐ 15

2 Lesen Sie den Lückentext Satz für Satz. Überlegen Sie bei jeder Lücke, welche Lösung passen könnte. Bei den meisten Aufgaben müssen Sie den Zusammenhang verstehen und dann das richtige Wort wählen. Aber auch Ihre Grammatikkenntnisse können Ihnen helfen.

Sehr geehrte Damen und Herren,

wie Sie wissen, sind wir seit vielen Jahren Kunde bei Ihnen. In der letzten Woche haben wir folgende Waren bei Ihnen __31__:

a an	**d** dürfen	**g** gegeben	**j** müssen	**m** vollständig
b Antwort	**e** erhalten	**h** haben	**k** obwohl	**n** weil
c bestellt	**f** ganz	**i** Lösung	**l** übernehmen	**o** zu

3 Markieren Sie Ihre Lösung direkt in der Aufgabe oder schreiben Sie die Lösung in die Lücke.

Sehr geehrte Damen und Herren,

wie Sie wissen, sind wir seit vielen Jahren Kunde bei Ihnen. In der letzten Woche haben wir folgende Waren bei Ihnen __31__ *bestellt*:

a an	**d** dürfen	**g** gegeben	**j** müssen	**m** vollständig
b Antwort	**e** erhalten	**h** haben	**k** obwohl	**n** weil
~~c~~ bestellt	**f** ganz	**i** Lösung	**l** übernehmen	**o** zu

4 Denken Sie daran, zum Schluss alle Lösungen auf den Antwortbogen zu übertragen.

5 Lösen Sie jetzt die komplette Prüfungsaufgabe.

Haben Sie die richtigen Lösungen gefunden?

- **31 c** Das Verb „bestellen" ist hier inhaltlich das einzige passende Verb („Ware … bestellt").
- **32 g** Die feste Fügung ist „in Auftrag geben", daher passt hier nur „gegeben".
- **33 a** Das Verb in diesem Satz ist das trennbare Verb „ankommen", es fehlt also die Vorsilbe „an".
- **34 m** Die Lösung ergibt sich aus dem Kontext: Es ist eine Reklamation, außerdem wird im nächsten Satz gesagt, dass nur 10 Akkuschrauber und Ersatzakkus angekommen sind. Es waren aber je 20 Stück bestellt, die Lieferung ist also unvollständig.
- **35 e** Nur das Verb „erhalten" (= bekommen) passt hier inhaltlich.
- **36 n** Im zweiten Satzteil steht der Grund, warum die Firma das Werkzeug dringend braucht. Der Grund wird mit „weil" eingeleitet.
- **37 o** Das Verb in diesem Satz ist das trennbare Verb „zusenden", es fehlt also die Vorsilbe „zu".
- **38 l** Hier geht es um die Versandkosten und das passende Verb ist „übernehmen" (sinngemäß: bezahlen). „Versandkosten übernehmen" ist gerade im geschäftlichen Kontext eine feste Fügung.
- **39 j** Inhaltlich passt hier nur „müssen", da ein Zwang ausgedrückt wird.
- **40 i** Das passende Wort ist „Lösung", denn es ist immer „Lösung eines Problems" bzw. „ein Problem lösen".

Hörverstehen, Teil 1

Beschreibung des Prüfungsteils

Was bekommen Sie?
- fünf kurze Hörtexte (ca. 400 Wörter) zu einem Thema; es geht in den fünf Aussagen um die persönliche Meinung einer Person zu dem Thema
- Sie hören die Aussagen einmal.
- zu jedem Hörtext eine Aussage (41 - 45)

Was sollen Sie tun?
Entscheiden Sie bei jeder Aussage, ob sie richtig (+) oder falsch (-) ist.

ca. 6 Min. (Hörverstehen Teil 1 bis Teil 3 zusammen ca. 30 Min.)

Wie wird dieser Teil bewertet?
Sie erhalten für jede richtige Antwort 5 Punkte, maximal also 25 Punkte in diesem Teil.

In der Prüfung lesen Sie

Sie hören die Aussagen von fünf Personen. Sie hören die Aussagen nur einmal. Entscheiden Sie beim Hören, ob die Aussagen 41 - 45 richtig (+) oder falsch (-) sind.
Markieren Sie Ihre Lösungen für die Aufgaben 41 - 45 auf dem Antwortbogen.
Lesen Sie jetzt die Aufgaben 41 - 45. Sie haben dazu 30 Sekunden Zeit.

41 Frau Thomas möchte sich in der Pause gern mit anderen unterhalten.

42 Herr Jürgens denkt, dass Pausen die Arbeit stören.

43 Frau Drobny findet Pausen vor allem für ältere Arbeitnehmer wichtig.

44 Herr Zumwinkel geht in der Pause gern aus dem Büro.

45 Frau Thal ärgert sich darüber, dass ihre Kollegen so viele Pausen machen.

So geht's

1 Lesen Sie die Arbeitsanweisung und beantworten Sie anschließend die Fragen.

Sie hören die Aussagen von fünf Personen. Sie hören die Aussagen nur einmal. Entscheiden Sie beim Hören, ob die Aussagen 41 - 45 richtig (+) oder falsch (-) sind.
Markieren Sie Ihre Lösungen für die Aufgaben 41 - 45 auf dem Antwortbogen.
Lesen Sie jetzt die Aufgaben 41 - 45. Sie haben dazu 30 Sekunden Zeit.

a Wie viele Aufgaben gibt es im Teil Hörverstehen, Teil 1?

☐ 5 ☐ 10

b Wie viele Antwortmöglichkeiten gibt es zu jeder Aussage?

☐ 2 ☐ 5

c Wie oft hören Sie jede Ansage?

☐ einmal ☐ zweimal

2 Lesen Sie zuerst alle Aussagen. Markieren Sie dabei wichtige Wörter. Wenn Sie ein Wort in den Aussagen nicht verstehen, lesen Sie zuerst einfach weiter. Sie müssen nicht immer jedes Detail verstehen. Wichtiger ist, dass Sie alle Aussagen mindestens einmal lesen. Wenn Sie alle Aussagen gelesen haben, können Sie nochmal kurz überlegen, was das unbekannte Wort bedeuten könnte.

41 Frau Thomas möchte sich in der Pause gern mit anderen unterhalten.

42 Herr Jürgens denkt, dass Pausen die Arbeit stören.

1

3 Hören Sie jetzt Aufgabe 41. Schreiben Sie Ihre Lösung direkt neben die Aussage.

41 Frau Thomas möchte sich in der Pause gern mit anderen unterhalten. +

4 Denken Sie daran, zum Schluss alle Lösungen auf den Antwortbogen zu übertragen.

1–5

5 Lösen Sie jetzt den ganzen Aufgabenteil „Hörverstehen, Teil 1" und vergleichen Sie anschließend die Lösungen.

Haben Sie die richtigen Lösungen gefunden?

41 + Frau Thomas möchte sich in der Pause gern mit anderen unterhalten.

Frau Thomas sagt: „Aber ehrlich gesagt könnte ich meine Pause auch nicht allein verbringen, das ist doch etwas langweilig. Zum Glück machen zwei Kolleginnen von mir meist zusammen mit mir Pause, und dann können wir uns erzählen, was es Neues gibt."

42 + Herr Jürgens denkt, dass Pausen die Arbeit stören.

Herr Jürgens sagt: „Ich kann doch nicht einfach alles liegenlassen! Außerdem muss ich dann nach der Pause wieder von vorne anfangen, das nervt doch nur."

43 – Frau Drobny findet Pausen vor allem für ältere Arbeitnehmer wichtig.

Frau Drobny sagt: „Zu dem Thema habe ich gestern einen Zeitungsbericht gelesen. Da stand, dass Pausen vor allem für jüngere Arbeitnehmer nicht so wichtig sind und dass ältere mehr Pausen brauchen. Das sehe ich nicht so: Es kommt doch auch auf die Arbeit an."

44 + Herr Zumwinkel geht in der Pause gern aus dem Büro.

Herr Zumwinkel sagt: „Und besonders wichtig finde ich frische Luft – deshalb gehe ich mittags meist vor die Tür … Hauptsache mal raus aus dem Gebäude."

45 + Frau Thal ärgert sich darüber, dass ihre Kollegen so viele Pausen machen.

Frau Thal sagt: „Aber bei uns in der Abteilung arbeiten drei Kollegen, … die gehen wirklich jede Stunde mindestens zweimal, oft sogar dreimal raus … das geht doch nicht! … Ich finde das unmöglich …"

Hörverstehen, Teil 2

Beschreibung des Prüfungsteils

Was bekommen Sie?
- ein längeres Gespräch (ca. 500 - 600 Wörter) zwischen zwei oder mehr Personen
- Sie hören das Gespräch zweimal.
- zehn Aufgaben zum Hörtext (46 - 55)

Was sollen Sie tun?
Entscheiden Sie bei jeder Aussage, ob sie richtig (+) oder falsch (-) ist.

ca. 16 Min. (Hörverstehen Teil 1 bis Teil 3 zusammen ca. 30 Min.)

Wie wird dieser Teil bewertet?
Sie erhalten für jede richtige Antwort 2,5 Punkte, maximal also 25 Punkte in diesem Teil.

In der Prüfung lesen Sie

Sie hören ein Gespräch. Sie hören das Gespräch zweimal. Entscheiden Sie beim Hören, ob die Aussagen 46 - 55 richtig (+) oder falsch (-) sind.
Markieren Sie Ihre Lösungen für die Aufgaben 46 - 55 auf dem Antwortbogen.
Lesen Sie jetzt die Aufgaben 46 - 55. Sie haben dazu eine Minute Zeit.

46 Frau Bossel leitet eine Kindertagesstätte.

47 Herr Leopold möchte in drei Wochen ein Praktikum machen.

48 Herr Leopold sagt, dass er nervös ist.

49 Herr Leopold hat im Büro auch Unterlagen abgeheftet.

50 Frau Bossel arbeitet gern am Schreibtisch oder Computer.

51 In der Kindertagesstätte sind mehr als 200 Kinder.

52 Herr Leopold hat auch schon zu Hause gern gekocht.

53 Herr Leopold findet die Arbeit in der Küche manchmal auch anstrengend.

54 Herr Leopold war vor einer Woche auch in den Kindergruppen.

55 Herr Ingelmann geht diesen Oktober in Rente.

So geht's

1 Lesen Sie die Arbeitsanweisung und beantworten Sie anschließend die Fragen.

> Sie hören ein Gespräch. Sie hören das Gespräch zweimal. Entscheiden Sie beim Hören, ob die Aussagen 46–55 richtig (+) oder falsch (–) sind.
> Markieren Sie Ihre Lösungen für die Aufgaben 46–55 auf dem Antwortbogen.
> Lesen Sie jetzt die Aufgaben 46–55. Sie haben dazu eine Minute Zeit.

a Wie viele Aufgaben gibt es im Teil Hörverstehen, Teil 2?

☐ 5 ☐ 10

b Haben Sie vor dem Hören Zeit, um die Aufgaben zu lesen?

☐ ja, 1 Min. ☐ nein

c Wie oft hören Sie das Gespräch?

☐ einmal ☐ zweimal

2 Lesen Sie zuerst alle Aussagen. Markieren Sie dabei wichtige Wörter (z.B. Wer? Was? Wo?). Wenn Sie ein Wort nicht verstehen, lesen Sie zunächst weiter. Wichtig ist vor allem, dass Sie alle Aussagen mindestens einmal lesen und wissen, worum es geht. Wenn Sie alle Aufgaben gelesen haben, können Sie noch einmal kurz überlegen, was das unbekannte Wort bedeuten könnte.

46 Frau Bossel leitet eine Kindertagesstätte.

47 Herr Leopold möchte in drei Wochen ein Praktikum machen.

3 Hören Sie jetzt das Gespräch und beantworten Sie Aufgabe 46. Schreiben Sie Ihre Lösung direkt neben die Aussage.

6

46 Frau Bossel leitet eine Kindertagesstätte. +

4 Denken Sie daran, zum Schluss alle Lösungen auf den Antwortbogen zu übertragen.

6

5 Lösen Sie jetzt den ganzen Aufgabenteil „Hörverstehen, Teil 2" und vergleichen Sie anschließend die Lösungen.

Haben Sie die richtigen Lösungen gefunden?

46 + Frau Bossel leitet eine Kindertagesstätte.
Herr Leopold sagt: „Für die Leiterin der Kindertagesstätte habe ich natürlich immer Zeit."

47 – Herr Leopold möchte in drei Wochen ein Praktikum machen.
Herr Leopold sagt: „Nur noch eine Woche, drei Wochen sind schon vorbei."

48 + Herr Leopold sagt, dass er nervös ist.
Herr Leopold sagt: „... ich bin auch schon ohne Kaffee aufgeregt genug."

49 + Herr Leopold hat im Büro auch Unterlagen abgeheftet.
Herr Leopold sagt: „Also, ich war ja zuerst im Büro und habe geholfen, die Anmeldungen aufzunehmen, Ablage zu machen ..."

50 – Frau Bossel arbeitet gern am Schreibtisch oder Computer.
Frau Bossel sagt: „Den ganzen Tag nur am Schreibtisch und am Computer – das wäre auch nichts für mich."

51 + In der Kindertagesstätte sind mehr als 200 Kinder.
Frau Bossel sagt: „... wir sind einerseits ja eine sehr große Einrichtung, wir haben zehn Gruppen und dann auch noch die Hortkinder ... Das sind insgesamt etwa 230 Kinder."

52 – Herr Leopold hat auch schon zu Hause gern gekocht.
Herr Leopold sagt: „Ähm, nee, bei uns hat vor allem die Mikrowelle gekocht ..."

53 + Herr Leopold findet die Arbeit in der Küche manchmal auch anstrengend.
Herr Leopold sagt: „Ja, sicher! Klar, das ist auch anstrengend, wenn viel zu tun ist ..."

54 + Herr Leopold war vor einer Woche auch in den Kindergruppen.
Frau Bossel sagt: „Und natürlich waren Sie auch schon in einer unserer Gruppen und haben mit den Erzieherinnen gearbeitet, nicht wahr?"
Herr Leopold sagt: „Ja, das habe ich letzte Woche gemacht."

55 – Herr Ingelmann geht diesen Oktober in Rente.
Frau Bossel sagt: „Wir haben jetzt ja zwei Köche bei uns und Herr Ingelmann ist ja schon etwas älter, der wird in ein paar Jahren in Rente gehen."

Hörverstehen, Teil 3

Beschreibung des Prüfungsteils

Was bekommen Sie?

- fünf kurze Durchsagen bzw. Ansagen (jeweils ca. 50 - 60 Wörter), wie sie typischerweise auf einem Anrufbeantworter, an einem Bahnhof o.Ä. zu hören sind
- Sie hören jeden Hörtext zweimal.
- zu jedem Hörtext eine Aussage (56 - 60)

Was sollen Sie tun?
Entscheiden Sie bei jeder Aussage, ob sie richtig (+) oder falsch (–) ist.

ca. 8 Min. (Hörverstehen Teil 1 bis Teil 3 zusammen ca. 30 Min.)

Wie wird dieser Teil bewertet?
Sie erhalten für jede richtige Antwort 5 Punkte, maximal also 25 Punkte in diesem Teil.

In der Prüfung lesen Sie

Sie hören fünf kurze Texte. Sie hören die Texte zweimal. Entscheiden Sie beim Hören, ob die Aussagen 56 - 60 richtig (+) oder falsch (–) sind.
Markieren Sie Ihre Lösungen für die Aufgaben 56 - 60 auf dem Antwortbogen.
Lesen Sie jetzt die Aufgabe 56.

56 Martin will Medikamente bestellen.

57 Sie können heute niemanden mehr erreichen.

58 Die Busse kann man nur benutzen, wenn man eine Eintrittskarte für die Messe hat.

59 Sie können heute mit Frau Kruse sprechen.

60 Sie können sofort mit einem Techniker sprechen.

So geht's

1 Lesen Sie die Arbeitsanweisung und beantworten Sie anschließend die Fragen.

Sie hören fünf kurze Texte. Sie hören die Texte zweimal. Entscheiden Sie beim Hören, ob die Aussagen 56 - 60 richtig (+) oder falsch (–) sind.
Markieren Sie Ihre Lösungen für die Aufgaben 56 - 60 auf dem Antwortbogen.
Lesen Sie jetzt die Aufgabe 56.

a Wie viele Aufgaben gibt es im Teil Hörverstehen, Teil 3?

☐ 5 ☐ 10

b Haben Sie vor dem Hören Zeit, um die Aufgaben zu lesen?

☐ ja, 30 Sekunden ☐ nein

c Wie oft hören Sie jede Ansage?

☐ einmal ☐ zweimal

2 Lesen Sie Aufgabe 56. Sie können dabei auch wichtige Wörter markieren.

56 Martin will Medikamente bestellen.

57 Sie können heute niemanden mehr erreichen.

3 Schreiben Sie Ihre Lösung direkt neben die Aussage.

7

56 Martin will Medikamente bestellen. –

4 Denken Sie daran, zum Schluss alle Lösungen auf den Antwortbogen zu übertragen.

7–11

5 Lösen Sie jetzt den ganzen Aufgabenteil „Hörverstehen, Teil 3" und vergleichen Sie anschließend die Lösungen.

Haben Sie die richtigen Lösungen gefunden?

56 – Martin will Medikamente bestellen.
Martin sagt: „... aber wir haben vorgestern eine ganz wichtige Bestellung bekommen. Ich sollte die Bestellung bearbeiten, aber das geht ja jetzt nicht. Kannst du dich darum (= um die Bearbeitung der Bestellung) kümmern?"

57 + Sie können heute niemanden mehr erreichen.
Sie hören zuerst: „Sie rufen Montagmittag bei einem Kunden an. ..."
Sie hören dann: „Für Fragen und Reservierungen stehen wir Ihnen gerne dienstags bis freitags ab 15 Uhr sowie an Wochenenden und Feiertagen ab 11 Uhr zur Verfügung. Montags ist Ruhetag."

58 – Die Busse kann man nur benutzen, wenn man eine Eintrittskarte für die Messe hat.
Sie hören: „Beachten Sie bitte, dass der Fahrpreis für die Busse in der Eintrittskarte zur Messe bereits enthalten ist. Wenn Sie noch keine Eintrittskarte für die Messe haben, benötigen Sie eine Fahrkarte ..."

59 + Sie können heute mit Frau Kruse sprechen.
Sie hören zuerst: „Sie rufen am Donnerstagmorgen einen Zulieferer an. ..."
Sie hören dann: „Sie erreichen meine Kollegin Frau Ullmann unter der Durchwahl 9878 von Montag bis Dienstag und meine Kollegin Frau Kruse unter der Durchwahl 9879 von Mittwoch bis Freitag."

60 – Sie können sofort mit einem Techniker sprechen.
Sie hören: „Wenn Sie Unterstützung vor Ort benötigen, benutzen Sie bitte unser Service-Formular im Internet."

Schriftlicher Ausdruck

Beschreibung des Prüfungsteils

Was bekommen Sie?

- eine Annonce / Anzeige aus einer Zeitschrift, z. B. das Angebot einer Sprachschule, ein Fortbildungs- oder Weiterbildungsangebot aus der Berufswelt
- eine Situierung: Beschreibung Ihrer Position in einer Firma und Ihr Auftrag in Bezug auf die Annonce / Anzeige
- vier Leitpunkte

Was sollen Sie tun?

Sie verfassen einen informellen oder halbformellen Brief. Überlegen Sie sich eine passende Einleitung, die passende Reihenfolge der Punkte und einen passenden Schluss. Vergessen Sie das Datum und die Anrede nicht.
Sie dürfen kein Wörterbuch benutzen.

30 Minuten
Sie können sich auf einem gestempelten Konzeptpapier Notizen machen. Für das Übertragen erhalten Sie keine extra Zeit! Achten Sie deswegen immer auf die angegebene Zeit.

Schreiben Sie nicht länger als 10 Minuten auf das Konzeptpapier. Sie sollten so viel Zeit haben, dass Sie den Brief noch einmal lesen und kontrollieren können:

- Habe ich alle vier Leitpunkte bearbeitet?
- Habe ich die richtige Anrede gewählt?
- Stimmt die Anrede mit dem Inhalt überein?
- Habe ich einen passenden Anfang geschrieben?
- Habe ich den Schlusssatz nicht vergessen?
- Sind Datum und Unterschrift vorhanden?

Wie wird dieser Teil bewertet?

Der Teil „Schriftlicher Ausdruck“ wird nach folgenden Kriterien bewertet:

- Haben Sie alle vier Leitpunkte berücksichtigt und inhaltlich angemessen bearbeitet?
- Wie ist die kommunikative Gestaltung Ihres Textes? (sinnvolle Anordnung der Leitpunkte, Verknüpfung der Äußerungen, inhalts- und adressatenbezogene Ausdrucksweise, Formalia in Bezug auf den Adressaten – Datum, Anrede, Gruß- / Abschiedsformel).
- Schreiben Sie formal richtig? (Syntax = Satzfolge, Morphologie = Grammatik, Orthographie = Rechtschreibung)

Sie können maximal 15 Punkte erreichen. Jeweils einen Zusatzpunkt bekommen Sie, wenn Sie besonders gelungene Formulierungen im Wortschatz zeigen und / oder Ihr Brief eine überdurchschnittlich umfangreiche inhaltliche Gestaltung aufweist.

Kommentierter Modelltest

In der Prüfung lesen Sie

In einer Fachzeitschrift finden Sie folgende Annonce:

www.kd-drucker.net

Druckermodelle für Geschäftskunden oder für zu Hause

Wir bieten Ihnen alles, was Sie sich wünschen!

- Vom kleinen Arbeitsplatzdrucker bis zum großen Multifunktionsgerät
- Tintenstrahldrucker oder Lasergeräte
- Farbausgabe nach Wunsch: Schwarz-Weiß oder Farbe
- Druckvolumen pro Monat: von 500 bis 25 000 Blatt
- Schnittstellen nur nach Ihren Wünschen!
- Individuelle Lösungen vor Ort

Vereinbaren Sie einen Termin mit einem unserer Produktberater in Ihrer Nähe.
KD-Drucker, Burger Straße 13, 42798 Lennep

Sie arbeiten in einer mittelständischen Firma und suchen schon lange nach einer Lösung für die Druckeraufstellung. Ihre Firma hat einige Einzelbüros und befindet sich in einem mehrstöckigen Gebäude. Die Drucker, die in Ihrer Firma benutzt werden, sind alt, und Sie sollen sich um neue Geräte kümmern.

Fordern Sie ein Angebot von der Drucker-Firma an und berücksichtigen Sie die folgenden vier Punkte:

- Möglichkeiten der Vernetzung
- Preise, Gerätetypen und Liefertermin
- Mitnahme der alten Geräte
- erläutern Sie die Situation

Bevor Sie den Brief schreiben, überlegen Sie sich die passende **Reihenfolge der Punkte**, eine passende **Einleitung** und einen passenden **Schluss**. Vergessen Sie auch nicht **Datum** und **Anrede**.

So geht's

1 Lesen Sie die Arbeitsanweisung und beantworten Sie anschließend die Fragen.

Fordern Sie ein Angebot von der Drucker-Firma an und berücksichtigen Sie die folgenden vier Punkte:

a Wer schreibt das Angebot?

☐ Sie ☐ Drucker-Firma

b Wie viele Leitpunkte berücksichtigen Sie?

☐ 4 ☐ 5

2 **Lesen Sie die Anzeige und die Situation. Kreuzen Sie anschließend an, was richtig ist.**

- ☐ Sie verkaufen die Druckergeräte.
- ☐ Sie möchten die Druckergeräte kaufen.

3 **Überlegen Sie sich, an wen Sie sich wenden und kreuzen Sie an.**

- ☐ Sehr geehrte Firma KD-Drucker, …
- ☐ Sehr geehrte Damen und Herren, …
- ☐ Lieber Herr KD-Drucker, …

4 **Nummerieren Sie die logische Reihenfolge der Leitpunkte.**

- ☐ Möglichkeiten der Vernetzung
- ☐ Preise, Gerätetypen und Liefertermin
- ☐ Mitnahme der alten Geräte
- ☐ erläutern Sie die Situation

5 **Überlegen Sie sich eine Einleitung. Die Beschreibung der Situation auf dem Testblatt kann Ihnen helfen.**

………

………

6 **Zu welchen Leitpunkten gehören folgende Sätze? Ergänzen Sie.**

- …………………………………………… In Ihrer Anzeige beschreiben Sie einige Kriterien, die auch für unsere Auswahl wichtig sind. Aber wie viel kostet so ein Gerät? Wir benötigen acht Drucker für die Büros und auf jeder Etage ein Gerät, das kopieren, scannen, drucken und faxen kann.
- …………………………………………… In den letzten zwei Jahren hat sich unsere Firma vergrößert. Im letzten Winter haben wir alle PC ersetzt. Nun suchen wir nach einer passenden Lösung für unsere Drucker.
- …………………………………………… Noch eine Frage: Werden Sie bei der Einlieferung unsere alten Drucker mitnehmen? Wir haben nämlich keine Lagerräume für alte Geräte.
- …………………………………………… Die Geräte müssen miteinander verbunden sein. Allerdings sehe ich da einen Haken: Wir sind in der ehemaligen Kaserne und das WLAN-Netz ist nicht besonders stark. Gäbe es da andere Möglichkeiten?

> Schreiben Sie zu jedem Leitpunkt ca. zwei Sätze. Variieren Sie die Satzanfänge. Beginnen Sie nicht immer mit: Ich … Ich … Ich … Benutzen Sie Konnektoren (deswegen, deshalb) und Konjunktionen (obwohl, dass). Denken Sie auch an die Großschreibung (Sie, Ihr / e).

7 **Vergessen Sie nicht, einen passenden Schluss zu formulieren und nach der Abschlussformel auch Ihre Unterschrift zu setzen. Was passt?**

☐ Legen Sie einfach Euren Katalog bei. Wir finden uns schon zurecht. Wenn wir weitere Fragen beim Durchblättern haben, melden wir uns sofort.
Fröhliche Grüße
schickt
J. Mark

☐ Das war's für heute. Ich freue mich auf Ihre Drucker. Wir bemühen uns um das Netz. Unsere Mitarbeiter können es kaum erwarten!
Herzlichst
Joanna M.

☐ Ich freue mich sehr auf Ihr Angebot. Bitte legen Sie auch Ihre Liefer- und Zahlungsbedingungen bei. Senden Sie alles gerne auch per Mail an: joanna.mark@trudo.net
Mit herzlichen Grüßen
Joanna Mark

8 **Wenn Sie auf das Konzeptpapier schreiben, vergessen Sie nicht: Es wird nur das bewertet, was auf dem Antwortbogen steht!**

9 **Schreiben Sie jetzt den kompletten Brief!**

....

....

....

....

....

....

....

....

....

....

....

....

....

....

....

So könnte ein Prüfungsbrief aussehen

(Ort, Datum) *Stuttgart, 15.03.2015*

(Betreff) *Anfrage*

(Anrede) *Sehr geehrte Damen und Herren,*

(Einleitung) *im lokalen Teil der Wochenzeitung „Bergischer Lotse" vom 14. März habe ich Ihre Anzeige gelesen. In unserer Firma bin ich für die Büroausstattung zuständig. Die Drucker, die wir jetzt benutzen, haben wir vor acht Jahren gekauft. Sie sind weder modern noch schnell. Darüber hinaus arbeiten nicht alle Mitarbeiter auf einer Etage. Das Firmengebäude ist eine ehemalige Kaserne.*

(Leitpunkt 1) *In den letzten zwei Jahren hat sich unsere Firma vergrößert. Im letzten Winter haben wir alle PC ersetzt. Nun suchen wir nach einer passenden Lösung für unsere Drucker.*

(Leitpunkt 2) *In Ihrer Anzeige beschreiben Sie einige Kriterien, die auch für unsere Auswahl wichtig sind. Aber wie viel kostet so ein Gerät? Wir benötigen acht Drucker für die Büros und auf jeder Etage ein Gerät, das kopieren, scannen, drucken und faxen kann.*

(Leitpunkt 3) *Die Geräte müssen miteinander verbunden sein. Allerdings sehe ich da einen Haken: Wir sind in der ehemaligen Kaserne und das WLAN-Netz ist nicht besonders stark. Gäbe es da andere Möglichkeiten?*

(Leitpunkt 4) *Noch eine Frage: Werden Sie bei der Einlieferung unsere alten Drucker mitnehmen? Wir haben nämlich keine Lagerräume für alte Geräte.*

(Schluss) *Ich freue mich sehr auf Ihr Angebot. Bitte legen Sie auch Ihre Liefer- und Zahlungsbedingungen bei. Senden Sie alles gerne auch per Mail an: joanna.mark@trudo.net*

(Gruß) *Mit herzlichen Grüßen*

(Unterschrift) *Joanna Mark*

Vorschlag für die Bewertung

Bewertung 1

	A	B	C	D		ja	nein
I	(x)	( )	( )	( )	**Thema verfehlt?**	( )	(x)
II	(x)	( )	( )	( )	**Zusatzpunkt Nr. 1**	( )	(x)
III	(x)	( )	( )	( )	**Zusatzpunkt Nr. 2**	( )	(x)

I Berücksichtigung der Leitpunkte
II Kommunikative Gestaltung
II Formale Richtigkeit

Kommentar zur Bewertung

Der vorliegende Brief berücksichtigt alle Leitpunkte, die inhaltlich angemessen bearbeitet wurden.
Die Leitpunkte wurden sinnvoll angeordnet. TN hat die Sätze und Äußerungen miteinander verknüpft und die adressatenbezogene Ausdrucksweise berücksichtigt (Sie, Ihnen; Datum, Anrede, Gruß- / Abschiedsfloskeln).
Der Brief enthält keine oder nur vereinzelte Fehler. Die Bewerter sahen das Thema als erfüllt (also nicht verfehlt) an, aber sie vergaben keine Zusatzpunkte: weder für die überdurchschnittliche sprachliche Vielfalt noch für den Umfang.
Bei der Auswertung in der Zentrale der telc gGmbH wird die Gesamtpunktzahl (hier: 15 Punkte) mit drei multipliziert. Der Prüfling hat also 45 Punkte im Subtest „Schriftlicher Ausdruck" erreicht. Das ist auch die maximale Punktzahl, die der Prüfling erreichen kann. Deswegen dürfen keine Zusatzpunkte vergeben werden.

Mündlicher Ausdruck, Teil 1
Kontaktaufnahme

Beschreibung des Prüfungsteils

Was bekommen Sie?
- ein Aufgabenblatt mit verschiedenen Stichwörtern zum Thema Kennlernen
- Ihr Gesprächspartner hat ein Aufgabenblatt mit den gleichen Stichwörtern wie Sie

Was sollen Sie tun?
Sie führen ein Gespräch mit Ihrem Partner, um sich näher kennenzulernen.
Wenn die Prüfung als Einzelprüfung durchgeführt wird, wird einer der Prüfer die Rolle des Gesprächspartners übernehmen.
Sie können mit Ihrem Gesprächspartner auch über Themen sprechen, die nicht auf dem Aufgabenblatt stehen.

Vor der Prüfung stehen Ihnen 20 Minuten zur Verfügung. Während dieser Zeit erhalten Sie im Vorbereitungsraum die Möglichkeit, sich anhand der drei Aufgabenblätter individuell auf alle Teile der mündlichen Prüfung vorzubereiten. Es ist Ihre Aufgabe, sich die Zeit einzuteilen. Im Vorbereitungsraum dürfen Sie nicht mit Ihrem Partner reden und Sie dürfen keine Hilfsmittel, wie Wörterbücher, Handys oder andere elektronische Geräte benutzen. Sie dürfen sich Notizen auf gestempeltes Papier machen und diese im Prüfungsraum während der mündlichen Prüfung verwenden, aber nicht vom Blatt ablesen.

Das Prüfungsgespräch für Teil 1 dauert ca. 3 Minuten.

Wie wird dieser Teil bewertet?
Sie erhalten maximal 15 Punkte in diesem Teil. Bewertet wird Ihre Ausdrucksfähigkeit, die Aufgabenbewältigung, formale Richtigkeit und Ihre Aussprache mit Intonation.

In der Prüfung lesen Sie

Unterhalten Sie sich mit Ihrer Partnerin bzw. Ihrem Partner über folgende Themen:
- Name
- woher sie oder er kommt
- wie sie oder er wohnt (Wohnung, Haus, Garten …)
- Familie
- wo sie oder er Deutsch gelernt hat
- was sie oder er macht (Beruf, Arbeit, Ausbildung …)
- Sprachen (welche? wie lange? warum?)

Die Prüfenden können außerdem noch weitere Fragen stellen (zum Beispiel zu den Themen Hobbys, Reisen, Beruf, Zukunftspläne, Wochenende usw.). Die Zusatzthemen können dann zum Tragen kommen, wenn Ihr Gesprächspartner auf Ihre Äußerungen nicht reagiert oder wenn die Prüfenden den Eindruck gewinnen, dass alles, was Sie sagen, auswendig gelernt ist.

So geht's

1 Lesen Sie die Arbeitsanweisung und beantworten Sie anschließend die Fragen zur Prüfung.

Unterhalten Sie sich mit Ihrer Partnerin bzw. Ihrem Partner über folgende Themen:

a Was sollen Sie tun?

- ☐ Sie warten auf die Fragen der Prüfenden und beantworten diese ausführlich.
- ☐ Zuerst stellen Sie sich selbst vor, dann präsentiert sich Ihr Gesprächspartner.
- ☐ Sie führen ein gemeinsames Gespräch mit Ihrem Gesprächspartner.

b Wie viele Themen besprechen Sie?

- ☐ Alle der Reihe nach, wie sie auf dem Aufgabenblatt stehen.
- ☐ Es hängt vom Gesprächsverlauf ab, welche Themen vorkommen.
- ☐ Die Prüfenden bestimmen die Gesprächsthemen, und Sie sprechen darüber mit Ihrem Gesprächspartner.

2 Wie würden Sie ein Gespräch beginnen? Machen Sie sich eigene Notizen und hören Sie anschließend den Anfang des Gesprächs.

12+13

....

....

Was möchten Sie zu weiteren Stichwörtern sagen? Überlegen Sie und notieren Sie Ihre Ideen. Über welche Themen sprechen die Gesprächspartner? Hören Sie.

14

....

....

Hören Sie das Gespräch noch einmal und notieren Sie sich neue / nützliche Phrasen, Satzanfänge, Fragen.

14

....

....

....

Tipps zum Prüfungsteil Kontaktaufnahme

- Drehen Sie sich zu Ihrem Gesprächspartner und schauen Sie ihn an.
- Klären Sie am Anfang, wie Sie sich anreden möchten. Wenn Sie Ihren Gesprächspartner schon aus dem Kurs kennen, sagen Sie das ruhig. Sollten Sie Ihren Gesprächspartner noch nicht kennen, klären Sie kurz, wie sie sich anreden möchten (Name, Vorname, du oder Sie).
- Beginnen Sie nicht jeden Satz mit „Ich", sondern variieren Sie die Satzanfänge.
- Beantworten Sie Fragen Ihres Partners mit mehreren Sätzen, aber vergessen Sie nicht, auch Ihre Fragen zu stellen.
- Hilfreich ist es, wenn Sie sich vor der Prüfung beim Üben mit Ihrem Smartphone / Tablet selbst aufnehmen. Legen Sie Kriterien fest, um das Gehörte zu überprüfen: Wie lange haben Sie gesprochen? Zu welchen Themen haben Sie sich geäußert? Was möchten Sie Ihren Gesprächspartner fragen? Können Sie die Meinungen auch anders ausdrücken?

3 Lösen Sie jetzt die komplette Prüfungsaufgabe!

So könnte ein Prüfungsdialog (Teil 1) klingen

14 + 15

Hören Sie.

Mündlicher Ausdruck, Teil 2
Gespräch über ein Thema

Beschreibung des Prüfungsteils

Was bekommen Sie?
- ein Aufgabenblatt mit einem Thema aus dem Berufsleben.
- Auf dem Aufgabenblatt finden Sie ein oder mehrere Fotos und einen kurzen Text, der die subjektive Meinung einer Person wiedergibt.

Was sollen Sie tun?
Da die Prüfungsteilnehmenden unterschiedliche Aufgabenblätter haben, berichtet jeder Teilnehmende über seine Informationen. Danach tauschen sich die Prüfungsteilnehmenden über das Thema aus. Sie berichten von eigenen Erfahrungen und sagen Ihre Meinung.

ca. 6 Minuten

Wie wird dieser Teil bewertet?
Sie erhalten maximal 30 Punkte in diesem Teil. Bewertet wird Ihre Ausdrucksfähigkeit, die Aufgabenbewältigung, formale Richtigkeit und Ihre Aussprache mit Intonation.

In der Prüfung lesen Sie

Sie haben in einer Zeitschrift etwas zum Thema „Mehrere Jobs auf einmal" gelesen. Berichten Sie Ihrer Partnerin bzw. Ihrem Partner, welche Informationen Sie haben.
Ihre Partnerin bzw. Ihr Partner hat zum gleichen Thema andere Informationen und berichtet auch darüber. Unterhalten Sie sich danach über das Thema. Erzählen Sie von persönlichen Erfahrungen, stellen Sie Fragen und reagieren Sie auf die Fragen Ihrer Partnerin bzw. Ihres Partners.

Auf dem Aufgabenblatt sehen Sie

Teilnehmer / in A hat andere Fotos als Teilnehmer / in B. Es gibt ein, zwei oder drei Fotos und einen kurzen Text.

Teilnehmer / in A

Das Geschäft gehört meiner besten Freundin. Eigentlich bin ich Bankkauffrau und arbeite 30 Stunden die Woche. An den Samstagen, wenn die Kinder bei ihrem Vater sind, bin ich hier, oder auch vor Weihnachten, in der Adventszeit. Was soll ich zu Hause? Das Wochenende ist lang! Das Geld brauche ich nicht unbedingt, ich verdiene gut. Aber meiner Freundin helfe ich gerne. Sie braucht ja auch mal einen freien Samstag.

Adele Neuhaus (38 Jahre, Bankkauffrau)

So geht's

1 Lesen Sie die Arbeitsanweisungen und beantworten Sie anschließend die Fragen.

Berichten Sie Ihrer Partnerin bzw. Ihrem Partner, welche Informationen Sie haben.

a Was sollen Sie tun?

☐ Sie beschreiben detailliert, was und wen Sie auf den Bildern sehen.

☐ Sie nennen das Thema und fassen den Text zusammen.

b Was sagt Adele Neuhaus?

☐ Sie ist Bankkauffrau, deswegen hat sie mit ihrer besten Freundin ein Geschäft. Das Geld ist überlebenswichtig.

☐ Sie findet es wichtig, ihre Freundin im Geschäft zu unterstützen. Das Geld spielt dabei keine Rolle.

c Hören Sie die Textzusammenfassung. So könnte auch Ihre Zusammenfassung klingen.

16

Teilnehmer / in B

Bevor die Kinder in die Schule gehen, putze ich von 5 bis 7 Uhr die Büros in der Firma um die Ecke. Wenn sie in der Schule sind, arbeite ich als Büroaushilfe 20 Stunden die Woche - kopieren, abheften, faxen usw. Zweimal die Woche trage ich entweder die Flyer oder die Wochenzeitung unserer Stadt aus. Ohne diese kleinen Jobs ginge es gar nicht! Die Zeit ist längst vorbei, als man nur mit einem Job den gesamten Lebensunterhalt verdienen konnte. Na ja, die Müdigkeit - die werde ich wohl nie los ...

Annette Linder (41 Jahre, Büroaushilfe)

d Was meint Annette Linder? Machen Sie sich Notizen.

....

....

17

e Vergleichen Sie Ihre Textzusammenfassung mit dem Hörbeispiel.

f Schreiben Sie stichwortartig auf, welche Erfahrungen Sie mit diesem Thema bereits gesammelt haben:

....

....

....

Haben Sie keine Erfahrungen? Dann überlegen Sie sich, ob „Mehrere Jobs auf einmal" für Sie vorstellbar wären oder eher nicht? Warum?

....

....

....

2 Lesen Sie die weiteren Arbeitsanweisungen und beantworten Sie anschließend die Fragen.

Erzählen Sie von persönlichen Erfahrungen, stellen Sie Fragen und reagieren Sie auf die Fragen Ihrer Partnerin bzw. Ihres Partners.

18

a Welche Argumente hören Sie? Kreuzen Sie an.

- ☐ Haushalt
- ☐ Partner
- ☐ Kinder
- ☐ Lebenshaltungskosten

b Notieren Sie sich Ihre eigenen Argumente für die Diskussion.

....

....

3 Führen Sie ein Gespräch mit einem Gesprächspartner.

- Kopieren und zerschneiden Sie einen Text (z.B. ein Interview, einen Zeitungsartikel) in Abschnitte. Lesen Sie einen Abschnitt, drehen Sie ihn um und versuchen Sie, die Hauptinformationen wiederzugeben.
- Hören Sie eine Sendung im Radio. Berichten Sie darüber. Welche Fragen würden Sie gerne stellen?

4 Lösen Sie jetzt die komplette Prüfungsaufgabe!

So könnte ein Prüfungsdialog (Teil 2) klingen

18

Hören Sie.

Mündlicher Ausdruck, Teil 3
Gemeinsam eine Aufgabe lösen

Beschreibung des Prüfungsteils

Was bekommen Sie?

- ein Aufgabenblatt mit einer Situationsbeschreibung und einigen Leitpunkten
- beide Teilnehmenden bekommen dieselbe Aufgabenstellung

Was sollen Sie tun?

Ihre Aufgabe ist es, gemeinsam mit Ihrer Gesprächspartnerin / Ihrem Gesprächspartner etwas zu planen. Sie sollen Ideen äußern, Vorschläge machen und auf die Vorschläge der Partnerin / des Partners reagieren.

ca. 6 Minuten

Wie wird dieser Teil bewertet?

Sie erhalten maximal 30 Punkte in diesem Teil. Bewertet wird Ihre Ausdrucksfähigkeit, die Aufgabenbewältigung, formale Richtigkeit und Ihre Aussprache mit Intonation.

In der Prüfung lesen Sie

Sie und Ihr Partner oder Ihre Partnerin arbeiten in einem Autohaus mit der Werkstatt einer namhaften Automarke. Ihre Aufgabe ist es, das diesjährige Treffen aller Auszubildenden zu organisieren.
Hier einige Punkte, die Ihnen bei Ihrer Planung helfen:

- Treffpunkt für alle?
- Programm organisieren?
- Gemeinsames Frühstück? Wann?
- Welche Mitarbeiter können helfen?
- ...
- ...

Entscheiden Sie zuerst, was Sie machen möchten und warum. Tragen Sie Ihrem Partner Ideen vor und begründen Sie sie. Reagieren Sie auf die Ideen Ihres Partners bzw. Ihrer Partnerin und die Begründungen. Einigen Sie sich auf einen gemeinsamen Vorschlag.

Kommentierter Modelltest

So geht's

1 Lesen Sie die Situationsbeschreibung und beantworten Sie die Fragen.

Sie und Ihr Partner oder Ihre Partnerin arbeiten in einem Autohaus mit der Werkstatt einer namhaften Automarke. Ihre Aufgabe ist es, das diesjährige Treffen aller Auszubildenden zu organisieren.

a Welche Beschreibung trifft zu?

☐ Sie sind in der Autowerkstatt und sprechen mit allen Auszubildenden.

☐ Sie sind für die Organisation einer Veranstaltung für die Auszubildenden zuständig.

Entscheiden Sie zuerst, was Sie machen möchten und warum. Tragen Sie Ihrem Partner Ideen vor und begründen Sie sie. Reagieren Sie auf die Ideen Ihres Partners bzw. Ihrer Partnerin und die Begründungen. Einigen Sie sich auf einen gemeinsamen Vorschlag.

b Was ist richtig?

☐ Es handelt sich um ein Rollenspiel.

☐ Sie zählen zunächst alle Ihre Ideen auf, danach Ihr Gesprächspartner.

☐ Sie streiten sich mit Ihrem Gesprächspartner.

2 **Lesen Sie jetzt die Leitpunkte und ordnen Sie die Notizen den einzelnen Leitpunkten zu.**

Überraschungsprogramm | Kinderbetreuung | Spielenachmittag | Präsentation des Unternehmens | Kabarett „Als die Autos …" | ab 10:00 Uhr | Kleinigkeiten zum Essen | Sektempfang | Verwaltungsmitarbeiter | Meister und Werkstattmitarbeiter | Verkäufer | Plakate aufhängen | belegte Brötchen | Säfte | Obst bestellen | Catering auswählen | Orientierungshilfen aufstellen | einen Moderator anfragen | Pressemitteilungen schreiben | Fotos auf die Homepage stellen

Treffpunkt für alle?	**Programm organisieren?**	**Gemeinsames Frühstück? Wann?**	**Welche Mitarbeiter können helfen?**	**…**

Ergänzen Sie auch eigene Vorschläge.

19

3 Hören Sie. Welche Vorschläge haben die Personen? Notieren Sie die Vorschläge in die Tabelle.

Machen Sie sich Notizen:

- Warum Sie dafür und warum dagegen sind?
- Haben Sie weitere Ideen? Wie könnten diese aussehen?
- Zeichnen Sie zum Beispiel ein Assoziogramm, in dem Sie Ihre Ideen sammeln.
- Versuchen Sie ein Szenenspiel: TN1 sagt eine Äußerung, TN2 reagiert darauf, TN3 sagt seine Meinung dazu, etc.

5 Lösen Sie jetzt die komplette Prüfungsaufgabe zusammen mit einem Partner!

So könnte ein Prüfungsdialog (Teil 3) klingen

19

Hören Sie.

Fertigkeitentraining

Lesen

1 Lesestrategien kennenlernen

a Welche Erklärung passt zu welchem Begriff? Ordnen Sie zu.

1. Globalverstehen
2. Selektives Verstehen
3. Detailverstehen

a. Man möchte oder muss bestimmte Informationen in einem Text finden und verstehen, z. B. eine Uhrzeit, einen Ort.

b. Man möchte oder muss alle Einzelheiten in einem Text verstehen.

c. Man möchte oder muss ganz allgemein verstehen, was das Thema eines Texts ist.

b Lesen Sie die Textausschnitte und lösen Sie die Aufgaben.

Sie sind gerne unterwegs? Dann haben wir vielleicht das Richtige für Sie: Junges, aufstrebendes Unternehmen sucht noch engagierte, motivierte Mitarbeiter für den Außendienst. Sie verkaufen gerne, aber Sie möchten nicht reisen? Prima – wir suchen auch noch einen Verkäufer in Köln! Bewerben Sie sich innerhalb von 4 Wochen …

1. Der Text ist …
   - ☐ eine Stellenanzeige.
   - ☐ ein Urlaubsangebot.
2. Die Firma möchte die Bewerbungsunterlagen in der nächsten Woche haben.
   - ☐ richtig
   - ☐ falsch

Entfernen Sie dann den Transportschutz (Abb. 3). Schütteln Sie die Tonerkartusche vor dem Einsetzen zwei- bis dreimal leicht. Setzen Sie die Kartusche nun in den Drucker ein (Abb. 4) und schließen Sie das Gehäuse des Druckers wieder.

3. Der Text ist …
   - ☐ ein Informationsschreiben des Betriebsrats.
   - ☐ eine Gebrauchsanweisung.
4. Sie sollen …
   a. die Kartusche zuerst hin und her bewegen, dann die Sicherheitsvorrichtung entfernen, dann die Kartusche einsetzen.
   b. die Kartusche zuerst hin und her bewegen, dann einsetzen und dann die Sicherheitsvorrichtung entfernen.
   c. zuerst die Sicherheitsvorrichtung entfernen, dann die Kartusche hin und her bewegen und sie dann einsetzen.

c Welcher Lesestil aus 1a passt zu welcher Aufgabe?

1. .... 3. ....

2. .... 4. ....

2 Lesestrategien üben: Globalverstehen

Eine Überschrift oder eine Betreffzeile nennt oft ganz allgemein das Thema eines Texts oder die Textsorte. Wenn Sie z. B. eine Betreffzeile zuordnen sollen, überlegen Sie zuerst: Was für eine Textsorte ist das (Einladung, Anfrage, Mahnung, ...)?

a Was ist das Thema? Markieren Sie in den Texten Signalwörter. Entscheiden Sie dann, welche Überschrift bzw. Betreffzeile passt (a, b oder c).

1

Betreff:

...

Zur Information: In unserer morgigen Betriebsversammlung (wie angekündigt ab 11 Uhr in Raum A01) werden die Pläne für den geplanten Umzug unseres Betriebs vorgestellt. Außerdem soll es neue Regelungen zu unserer betrieblichen Altersvorsorge geben; auch diese Pläne werden präsentiert.

...

a. Einladung
b. Themen
c. Terminänderung

2

Betreff:

Sehr geehrte Frau Schmitz,

hiermit bestätige ich unseren Termin am 7. April um 10 Uhr in Ihrem Büro. Gerne senden wir Ihnen vorab unser Angebot, damit Sie es in Ruhe durchsehen können.

Mit freundlichen Grüßen
Ulf Wickert

a. Angebot
b. Einladung
c. Terminbestätigung

b Lesen Sie die E-Mails und ordnen Sie die passende Betreffzeile zu.

Denken Sie daran: Sie können auch zuerst wichtige Wörter markieren.

Anfrage | Angebot | Bitte | Fällige Säumniszuschläge | Ihre Bewerbung | Mahnung | Neue Bewerbungsfrist | Unser Messetermin

1

Betreff:

Sehr geehrter Herr Fischer,
hiermit bestätigen wir den Eingang Ihrer Bewerbungsunterlagen. Wir haben sehr viele Bewerbungen erhalten und prüfen derzeit alles sorgfältig. Bitte haben Sie noch etwas Geduld, wir werden uns zu gegebener Zeit wieder bei Ihnen melden.
Mit freundlichen Grüßen
R. Yilmaz
(Personalabteilung)
TransEU Logistik GmbH

2

Betreff:

Hallo Gregory,
ich bin heute nicht im Büro, weil ich zu einer Messe muss. Ich habe eine Bitte: Könntest du die Mappe auf meinem Schreibtisch an die Buchhaltung weitergeben? Das habe ich gestern vergessen ... Vielen Dank!

Gruß
Zoltan

3

Betreff:

Sehr geehrte Damen und Herren,
im Anhang übersenden wir Ihnen wie gewünscht unser Angebot zu Ihrer Anfrage als PDF. Für Rückfragen stehen wir gerne zur Verfügung.

Mit freundlichen Grüßen
W. Litkowski (B+L Büroservices)

4

Betreff:

Sehr geehrter Herr Quast,
sicher haben Sie übersehen, dass die RG 1099 vor zwei Wochen fällig war. Wir bitten Sie, den fälligen Betrag innerhalb der nächsten Woche auf das untenstehende Konto zu überweisen, andernfalls können Säumniszuschläge fällig werden.
Mit freundlichen Grüßen
J. Kulm
Buchhaltung

3 Lesestrategien üben: Selektives Verstehen

Achten Sie bei Fragen zu bestimmten Informationen auch auf Signalwörter: Wann? → Uhrzeit, Datum etc.; Wer? → Person, Firma etc.; Wie viel? → Mengenangabe etc.

a Lesen Sie den Text und die Fragen. Markieren Sie im Text, wo Sie Informationen zu den Fragen finden, und beantworten Sie dann die Fragen in Stichpunkten.

Betreff: Bestellung

Sehr geehrte Damen und Herren,
hiermit bestellen wir für unser Büro die folgenden Materialien (Preise jeweils zzgl. USt.):

50 Pakete Druckerpapier DINA4 (à 1000 Blatt), Bestellnr. A-10-PF, Einzelpreis 4,47 €
80 Schachteln Büroklammern (à 100 Stück), Bestellnr. W-09-T1, Einzelpreis 0,63 €
100 Schachteln Heftklammern (à 200 Stück), Bestellnr. O-F1-31, Einzelpreis 0,81 €
50 Stück Aktenordner DINA4 (schwarz, Rückenbreite 5 cm), Bestellnr. P-5-S4-7, Einzelpreis 2,67 €
80 Stück Aktenordner DINA4 (schwarz, Rückenbreite 8 cm), Bestellnr. P-8-S4-7, Einzelpreis 3,29 €

Wir bestellen als Stammkunden (Kundennr. 800-9P-12) wie immer versandkostenfrei und erwarten die Lieferung gemäß Ihren Lieferbedingungen innerhalb von 72 Stunden.

Bitte senden Sie uns eine Auftragsbestätigung per E-Mail zu.

Mit freundlichen Grüßen
F. Kowac
Office Management
Thurm & Kröger Wirtschaftsprüfer

1. Wer gibt die Bestellung auf? ....
2. Wie viel kostet ein Aktenordner (Rückenbreite 5 cm)? ....
3. Wie viele Schachteln Heftklammern werden bestellt? ....
4. Ist der Besteller Neukunde? ....
5. Wann soll die Ware geliefert werden? ....
6. Sind die Preise inklusive der Mehrwertsteuer? ....

b Lesen Sie die folgenden Texte und die Fragen. Markieren Sie die Antworten erst im Text und übertragen Sie sie dann auf die Notizzettel.

Betreff:

…

wir werden Ihre Bestellung innerhalb von 24 Stunden bearbeiten und Ihnen eine Mail mit dem Bestellstatus schicken. Sollten Sie in der Zwischenzeit Rückfragen haben, können Sie mich unter der 030/10912399-765 auch persönlich erreichen.

Mit freundlichen Grüßen

Ahmad Ahmadini

Kundenbetreuung

1. Wann bekommen Sie die nächste Nachricht?

....

2. Wen erreichen Sie unter der Telefonnummer?

....

Büromöbel gesucht?

Bei uns finden Sie preiswerte gebrauchte Schreibtische, Büroschränke (Holz und Metall), Bürostühle (Chefsessel, Stühle für Konferenzräume u.v.m.) aus Firmenauflösungen zu günstigen Preisen. Waren immer in Top-Zustand! Lieferung gegen Aufpreis möglich.

3. Woher kommen die Möbel, die Sie kaufen können?

....

4. Bekommen Sie die Möbel frei Haus?

....

Aushilfe gesucht

Mitarbeiter/in für unser Lager gesucht, ca. 10 Stunden pro Woche, Arbeitszeiten: jeweils ca. 2 Stunden von 16–18 Uhr Mo. bis Sa.

Voraussetzungen: körperlich fit, zuverlässig, gute Deutschkenntnisse. Wünschenswert: Staplerführerschein.

Bewerbungen bitte telefonisch bei Herrn Katzner unter …

5. An welchen Wochentagen muss man arbeiten?

....

6. Wie viele Stunden muss man arbeiten?

....

7. Was muss man haben/können?

....

8. Was muss man nicht unbedingt haben?

....

Werbemittel gut & günstig

Machen Sie Werbung für Ihre Firma – auf Bleistiften, kleinen Notizzetteln oder Süßwaren (Bonbons, Schokolade). Ihr Logo, Ihre Internetadresse oder Ihre Firmenanschrift – ganz nach Ihren Wünschen. Mindestmenge nur 100 Stück, Rabatte ab 1000 Stück. Niedrige Versandkosten!

Weitere Informationen unter …

9. Wie viel müssen Sie mindestens bestellen?

....

10. Worauf können Sie Ihre Werbung drucken lassen?

....

11. Bekommen Sie die Werbemittel frei Haus geliefert?

....

Fertigkeitentraining

4 Lesestrategien üben: Detailverstehen

Sie können auch zuerst die Aufgaben lesen und wichtige Wörter markieren. Dann wissen Sie schon, worauf Sie achten müssen.

a Lesen Sie zuerst die Aussage. Markieren Sie wichtige Wörter.

Der Kunde hat die Ware zurückgeschickt, weil er mit der Qualität unzufrieden ist.

b Lesen Sie jetzt den Text. Markieren Sie wichtige Wörter und entscheiden Sie, ob die Aussage richtig oder falsch ist.

Sehr geehrte Damen und Herren,
leider muss ich das bei Ihnen bestellte Geschirr zurückschicken, da die Ware nicht unseren Erwartungen entsprochen hat. Qualitativ waren die Tassen hochwertig, aber die Farben waren viel dunkler als im Katalog beschrieben und passen daher nicht zur Einrichtung unseres Seniorenheims.
...

☐ Richtig ☐ Falsch

Denken Sie auch daran, dass in den Aufgaben manchmal andere Wörter bzw. Formulierungen stehen als im Lesetext – aber die Bedeutung ist die gleiche (Bsp.: „Mahnung" – „Zahlungserinnerung", „Das ist mir zu teuer." – „Ich finde den Preis zu hoch.").

c Welche Wörter bzw. Formulierungen aus den folgenden E-Mails haben die gleiche Bedeutung? Markieren Sie im Text und notieren Sie.

1. Ich finde es in Ordnung ... .
2. Das sollte nicht vorkommen. ....
3. zusenden ....
4. letzten ....
5. Adresse ....
6. akzeptieren ....
7. Ihre E-Mail ....
8. kaufen ....
9. Es tut uns sehr leid ... .
10. Bitte sagen Sie mir ... .

Von: r.sonsbeck@online.eu
An: kundenservice@medizinbedarf.eu
Betreff: AW: Re: Beschwerde

Sehr geehrter Herr Neumann,
vielen Dank für Ihre schnelle und positive Antwort. Ich bin damit einverstanden, dass Sie mir als Entschädigung einen Warengutschein in Höhe von 50,00 Euro zuschicken. Meine Anschrift haben Sie ja.
Mit freundlichen Grüßen
R. Sonsbeck

Sonsbeck Mobile Pflege
Waldweg 1
06135 Neuenburg

> Von: kundenservice@medizinbedarf.eu
> An: r.sonsbeck@online.eu
> Betreff: Re: Beschwerde
>
> Sehr geehrte Frau Sonsbeck,
> vielen Dank für Ihre Nachricht! Wir bedauern es sehr, dass es bei der Lieferung Ihrer Waren zu
> Verzögerungen gekommen ist. Das sollte natürlich nicht passieren. Leider sind in der vergangenen
> Woche durch Streiks bei der Post zahlreiche Sendungen liegengeblieben und konnten dann erst in
> dieser Woche zugestellt werden. Wir hatten darauf auch keinen Einfluss.
> Dennoch möchten wir Ihnen als kleine Entschädigung für Ihre Unannehmlichkeiten einen
> Warengutschein in Höhe von 50,00 Euro anbieten. Wir würden uns freuen, wenn Sie den
> Gutschein annehmen.
> Mit freundlichen Grüßen
> J. Neumann
>
> Kundenservice Medizinbedarf.eu
> Tel. 0800/987987345

>> Von: r.sonsbeck@online.eu
>> An: kundenservice@medizinbedarf.eu
>> Betreff: Beschwerde
>>
>> Sehr geehrte Damen und Herren,
>> vor zwei Wochen habe ich bei Ihnen Materialien für meinen mobilen Pflegedienst bestellt. Der
>> Liefertermin war letzte Woche Dienstag (also vor 10 Tagen). Leider sind die Materialien aber erst
>> am Dienstag in dieser Woche angekommen – also mit einer Woche Verspätung! Wegen der
>> Verspätung musste ich bei einem anderen Händler schon mal die wichtigsten Dinge erwerben,
>> denn ich brauche das Material ja für meine Arbeit. Ich habe noch nie erlebt, dass die Lieferung so
>> lange gedauert hat, und ich bin ja schon lange Kundin bei Ihnen. Bitte teilen Sie mir doch mit, was
>> Sie mir als Entschädigung anbieten können. Vielen Dank im Voraus!
>>
>> Mit freundlichen Grüßen
>> R. Sonsbeck
>>
>> Sonsbeck Mobile Pflege
>> Waldweg 1
>> 06135 Neuenburg

d **Lesen Sie die E-Mails aus Aufgabe 4c noch einmal und entscheiden Sie, ob die Aussagen richtig (+) oder falsch (–) sind. Notieren Sie auch die Formulierung aus dem Text.**

> Wenn Sie beim Lesen ein Wort nicht verstehen, lesen Sie zunächst weiter. Denken Sie daran: In der Prüfung haben Sie nicht viel Zeit. Lesen Sie den Text erst einmal zu Ende – wenn Sie dann noch Zeit haben, können Sie die Textstellen mit unbekannten Wörtern nochmals lesen.

1. Frau Sonsbeck akzeptiert den Vorschlag von Herrn Neumann. +
   Ich bin damit einverstanden ...
2. Frau Sonsbeck muss Herrn Neumann noch ihre Adresse mitteilen.
   ....
3. Herr Neumann erklärt, dass es zu einem Lieferengpass des Herstellers kam.
   ....
4. Herr Neumann schreibt, dass nicht nur die Lieferung von Frau Sonsbeck zu spät gekommen ist.
   ....
5. Frau Sonsbeck hat Ihre Bestellung vor 10 Tagen aufgegeben.
   ....
6. Die Lieferung von Frau Sonsbeck ist mit 10 Tagen Verspätung gekommen.
   ....
7. Frau Sonsbeck hat inzwischen auch Waren bei einem anderen Anbieter gekauft.
   ....
8. Frau Sonsbeck ist Neukundin bei Medizinbedarf.eu.
   ....

Hören

1 Vor dem Hören: Aufgaben lesen und verstehen

a **Lesen Sie die Aussagen 1–5. Markieren Sie wichtige Wörter und entscheiden Sie dann: Welche der Aussagen (a, b, c) hat die gleiche Bedeutung? Kreuzen Sie an. Es können mehrere Aussagen passen.**

1. Gerda Möller bevorzugt das Arbeiten im Großraumbüro.
   a. ☐ Frau Möller arbeitet gerne im Großraumbüro.
   b. ☐ Gerda Möller findet es schöner, im Großraumbüro zu arbeiten.
   c. ☐ Frau Möller findet die Arbeit im Großraumbüro nicht so gut wie im Einzelbüro.

2. Benjamin Stadler hält Praktika für wertvolle Erfahrungen.
   a. ☐ Benjamin Stadler hält nichts von Praktika.
   b. ☐ Herr Stadler denkt, dass Praktika wichtig sind.
   c. ☐ Benjamin Stadler findet Praktika nicht so wichtig wie Berufserfahrung.

3. Karl Petkovic würde gern wieder als Gärtner arbeiten.
   a. ☐ Herr Petkovic arbeitet derzeit als Gärtner.
   b. ☐ Karl Petkovic hat schon einmal als Gärtner gearbeitet.
   c. ☐ Herr Petkovic hat die Arbeit als Gärtner gefallen

4. Luise Roppel sieht keinen Sinn darin, monatelang nur Praktika zu machen.
   a. ☐ Frau Roppel möchte gern mehr Praktika machen.
   b. ☐ Luise Roppel findet es sinnvoll, möglichst viele Praktika zu machen.
   c. ☐ Frau Roppel hält es für sinnlos, über längere Zeit Praktika zu absolvieren.

5. Dustin Schwarz hätte gern eine Ausbildung als Koch gemacht.
   a. ☐ Herr Schwarz ist gelernter Koch.
   b. ☐ Dustin Schwarz hat keine Lehre als Koch gemacht.
   c. ☐ Herr Schwarz wäre gern ausgebildeter Koch geworden.

20 **b** **Hören Sie jetzt die Texte zu den Aussagen aus 1a. Notieren Sie: Welche Wörter bzw. Formulierungen aus dem Hörtext sind wichtig, um die Aufgabe zu lösen?**

Aufgabe	im Hörtext
1. Gerda Möller bevorzugt das Arbeiten im Großraumbüro.	
2. Benjamin Stadler hält Praktika für wertvolle Erfahrungen.	
3. Karl Petkovic würde gern wieder als Gärtner arbeiten.	
4. Luise Roppel sieht keinen Sinn darin, monatelang nur Praktika zu machen.	
5. Dustin Schwarz hätte gern eine Ausbildung als Koch gemacht.	

20 c Hören Sie die Texte noch einmal und kreuzen Sie bei jeder Aussage an, ob sie richtig oder falsch ist.

	+	–
1. Gerda Möller bevorzugt das Arbeiten im Großraumbüro.	☐	☐
2. Benjamin Stadler hält Praktika für wertvolle Erfahrungen.	☐	☐
3. Karl Petkovic würde gern wieder als Gärtner arbeiten.	☐	☐
4. Luise Roppel sieht keinen Sinn darin, monatelang nur Praktika zu machen.	☐	☐
5. Dustin Schwarz hätte gern eine Ausbildung als Koch gemacht.	☐	☐

2 Hörstrategien kennenlernen

Welche Erklärung passt zu welchem Begriff? Ordnen Sie zu.

1. Globalverstehen
2. Selektives Verstehen
3. Detailverstehen

a. Man möchte oder muss alle Einzelheiten in einem Hörtext verstehen.

b. Man möchte oder muss ganz allgemein verstehen, was das Thema eines Hörtextes ist.

c. Man möchte oder muss bestimmte Informationen in einem Hörtext verstehen, z. B. eine Uhrzeit, einen Ort.

3 Hörstrategien üben: Globales Hörverstehen

21 a Hören Sie die Gesprächsanfänge und lösen Sie die Aufgaben.

1. Das Gespräch ist
   - ☐ ein Bewerbungsgespräch.
   - ☐ ein Verkaufsgespräch.
2. Hier spricht
   - ☐ der Chef mit einem Mitarbeiter.
   - ☐ ein Mitarbeiter mit einem Kunden.
3. Hier sprechen
   - ☐ zwei Arbeitskollegen miteinander.
   - ☐ ein Verkäufer und ein Kunde miteinander.
4. Das Gespräch ist
   - ☐ eine Teambesprechung.
   - ☐ ein Bewerbungsgespräch.

Beim Globalverstehen geht es oft auch um eine allgemeine Meinung oder um die Einstellung einer Person zu einem Thema. Hören Sie deshalb auch, wie die Personen sprechen: Sind Sie fröhlich, verärgert, gelangweilt, …?

22 b Hören Sie die Texte und entscheiden Sie, ob die Aussagen 1–5 richtig (+) oder falsch (–) sind.

	+	–
1. Frau Langner ist gegen Schichtarbeit.	☐	☐
2. Herr Olsen arbeitet sehr gerne im Altersheim.	☐	☐
3. Frau Hauer liebt ihre Arbeit als Verkäuferin.	☐	☐
4. Frau Conley ist von ihrer derzeitigen Stelle gelangweilt.	☐	☐
5. Herr Wang geht gerne mittags in die Kantine.	☐	☐

4 Hörstrategien üben: Selektives Hörverstehen

Hier geht es um bestimmte Informationen zu einem einzelnen Aspekt, zum Beispiel: Wer macht etwas? Können Sie eine bestimmte Ware bestellen? Ist ein bestimmter Mitarbeiter in der Firma? Lesen Sie zuerst die Aufgabe oder Frage, dann wissen Sie, worauf Sie beim Hören achten müssen.

23 a Hören Sie die Nachrichten auf der Mailbox. Notieren Sie die fehlenden Informationen auf den Notizzetteln.

Nachricht 1

Termin ~~Mo. 12 Uhr~~
neu:
....

Nachricht 2

Bestellung (was?):
....

Nachricht 3

morgen anrufen (wen?):
....

Nachricht 4

zum Abteilungsleiter bringen:
....

Nachricht 5

Rechnung 1309
.... schicken

Nachricht 6

Bewerbungsgespräche (wann?)
....

b Lesen Sie zuerst die Aufgaben und markieren Sie wichtige Wörter. Schauen Sie auf die Uhr, Sie haben nur eine halbe Minute Zeit.

	+	–
1. Das Flugzeug nach München hat Verspätung.	☐	☐
2. Herr Jansen ruft morgen um 10 Uhr noch mal an.	☐	☐
3. Frau Peters möchte eine schriftliche Auftragsbestätigung.	☐	☐
4. Das Parkhaus an der Messe ist noch frei.	☐	☐
5. Die Fortbildung morgen fällt aus.	☐	☐

24 **c** Hören Sie jetzt die Texte und entscheiden Sie, ob die Aussagen richtig (+) oder falsch (–) sind.

5 Hörstrategien üben: Detailverstehen

Hier geht es um einzelne Informationen zu Details, also sehr speziellen Aspekten. Das können ganz verschiedene Inhalte sein: Was hat jemand vor dem Gespräch gemacht? Ist einer der Gesprächspartner froh, verärgert, nervös, …? Wer macht was oder soll was machen? Oder bestimmte Daten, Fristen, Geldbeträge … Es kann um (fast) alles gehen, wichtig ist aber: Es geht immer um eine einzelne Information, oft auch um ein einzelnes Wort.

25 **a** Lesen Sie zuerst die Aussagen und markieren Sie wichtige Wörter. Hören Sie dann den Anfang des Gesprächs und entscheiden Sie: Sind die Aussagen richtig oder falsch?

	+	–
1. Herr Küster hat Fliesenmuster mitgebracht.	☐	☐
2. Herr Küster hat heute schon Kaffee getrunken.	☐	☐

25 **b Welche Informationen aus dem Gespräch waren wichtig, um die Aufgaben zu lösen? Hören Sie noch einmal und notieren Sie.**

1. Herr Küster hat Fliesenmuster mitgebracht.

im Gespräch: ....

2. Herr Küster hat heute schon Kaffee getrunken.

im Gespräch: ....

c Lesen Sie die weiteren Aussagen. Achten Sie auf die Uhr: Wie lange brauchen Sie?

	+	–
3. Der frühere Außendienstmitarbeiter arbeitet nicht mehr.	☐	☐
4. Die Firma von Frau Heidesand feiert bald 50-jähriges Bestehen.	☐	☐
5. In der aktuellen Saison sind grelle Farben beliebt.	☐	☐
6. Frau Heidesand möchte die Waren fürs Jubiläum im kommenden Quartal bestellen.	☐	☐
7. Herr Küster hat noch mehr Muster im Auto.	☐	☐

Denken Sie daran: In der Prüfung haben Sie genau eine Minute Zeit, um zehn Aufgaben bzw. Aussagen zu lesen.

Für das Lesen der Aussagen habe ich .... gebraucht.

26 **d Hören Sie den zweiten Teil des Gesprächs. Sind die Aussagen oben richtig oder falsch?**

26 **e Hören Sie den zweiten Teil des Gesprächs noch einmal und notieren Sie: Welche Informationen aus dem Gespräch sind wichtig, um die Aufgaben zu lösen?**

3. Der frühere Außendienstmitarbeiter arbeitet nicht mehr.

im Gespräch: ....

4. Die Firma von Frau Heidesand feiert bald 50-jähriges Bestehen.

im Gespräch: ....

5. In der aktuellen Saison sind grelle Farben beliebt.

im Gespräch: ....

6. Frau Heidesand möchte die Waren fürs Jubiläum im kommenden Quartal bestellen.

im Gespräch: ....

7. Herr Küster hat noch mehr Muster im Auto.

im Gespräch: ....

Schreiben

1 Situation und Aufgabe verstehen

Lesen Sie in der Prüfung immer sorgfältig die Aufgabe. Hier stehen meist wichtige Informationen, auf die Sie beim Schreiben achten müssen.

a Lesen Sie die Aufgabe. Markieren Sie Informationen zu den Fragen und notieren Sie Antworten.

Sie arbeiten in einem Sonnenstudio. Ihre Chefin möchte die Räume renovieren lassen und bittet Sie, ein Angebot einzuholen. Ihre Chefin hat in der Zeitung eine Anzeige von „Kullmann & Söhne – Renovierungen und Sanierungen" gefunden.

1. Wo arbeiten Sie? Ich arbeite in ....
2. Was sollen Sie machen? ....
3. An wen sollen Sie schreiben? ....

b Welche Fragen bzw. Informationen sind für dieses Angebot wichtig? Kreuzen Sie an.

☐ Wann können die Arbeiten ausgeführt werden?
☐ Was soll Kullmann & Söhne bei Ihnen machen?
☐ Welches Werkzeug bringen die Handwerker mit?
☐ Wie lange machen die Handwerker Mittagspause?
☐ Wie teuer sind die Arbeiten der Firma?
☐ Wie viel verdienen die Handwerker bei Kullmann & Söhne?
☐ Wie viele Mitarbeiter müssen die Arbeiten ausführen?

c Lesen Sie die Anzeige. Markieren und notieren Sie die Informationen, die für Sie wichtig sind.

KULLMANN & SÖHNE
Renovierungen und Sanierungen

Qualität seit über 50 Jahren! Wir renovieren zuverlässig, preiswert und pünktlich Ihre Büro- oder Wohnräume. Ob kleine Wohnung oder großer Bürokomplex – bei uns ist alles möglich.

Unser Angebot für Renovierungen umfasst beispielsweise:
- Tapezieren und Malerarbeiten
- Verlegen neuer Böden
- Neugestaltung von Räumen (Verkleinerung von Räumen durch Trennwände, Zusammenlegen von zwei Räumen)

Und auf Wunsch entsorgen wir natürlich alte Tapeten, Teppiche etc.! Abrechnung i.d.R. nach Fläche (Quadratmetern), Rabatte für Großkunden ab 1000 qm. Noch Termine frei im kommenden Monat! Rufen Sie uns an: …

Wichtige Informationen: ....

Dienstleistungen der Firma? ....

Zeitraum für Arbeiten? ....

Preise? ....

d **Lesen Sie die Arbeitsanweisung aus der Prüfung. Schreiben Sie zu jedem Punkt einen Satz oder eine Frage.**

Wenn Sie zu einem Punkt keine Informationen in der Aufgabe oder der Anzeige finden, können (und sollten!) Sie sich einfach etwas ausdenken.

Fordern Sie von der Firma ein Angebot an und berücksichtigen Sie die folgenden vier Punkte:
- **Beschreiben Sie Ihren Betrieb.**
- **Welche Dienstleistungen wünschen Sie?**
- **Termin?**
- **Preise?**

Wenn Sie Ihre Firma beschreiben sollen, denken Sie z.B. an Anzahl und Größe der Räume, Einrichtung, Zeitpunkt der letzten Renovierung etc.

- Beschreiben Sie Ihren Betrieb.

....

....

- Welche Dienstleistungen wünschen Sie?

....

....

- Termin?

....

....

- Preise?

....

....

Die Punkte in der Aufgabe, zu denen Sie etwas schreiben sollen, heißen auch „Leitpunkte".

2 Textsortenmerkmale

a Formell oder informell? Sortieren Sie die Redemittel in die Tabelle.

Beste Grüße

Wir danken Ihnen herzlich im Voraus!

Hallo …

Dank dir schon mal!

Danke für deine Mail.

Bitte gib mir kurz Bescheid.

Für Rückfragen stehe ich gerne zur Verfügung!

Wir bitten um eine schriftliche Bestätigung.

Viele Grüße

Ich beziehe mich auf Ihre Anzeige in der Tageszeitung.

Ich schreibe dir wegen der Notiz, die du auf meinem Schreibtisch gelassen hast.

Sehr geehrte Damen und Herren, …

Mit freundlichen Grüßen

Vielen Dank für Ihre Nachricht.

Wenn du noch etwas wissen willst, melde dich einfach!

	formell	**informell**
Anrede		
Text		
Gruß		

b Was ist richtig? Kreuzen Sie an und ergänzen Sie.

1. In formellen Briefen und E-Mails ist man ☐ per Du. ☐ per Sie.
2. Man benutzt ☐ selten ☐ oft
   Höflichkeitsformen wie den Konjunktiv („Könnten …", „Hätten …") oder „bitte", „danke".
3. Die übliche Anrede in formellen Briefen ist: ....

3 Redemittel richtig verwenden

Welche Redemittel aus 2a passen in die Lücken? Ergänzen Sie.

1

Betreff: Termin

Sehr geehrter Herr Röder,

....

Gerne können wir am kommenden Dienstag um 14 Uhr in Ihre Wohnung kommen und die Maße für den gewünschten Schrank nehmen.

....

Mit freundlichen Grüßen

2

Betreff: Ihre Anzeige: Gartenbau

Sehr geehrte Damen und Herren,

....

Wir interessieren uns für Ihr Angebot und würden gerne mehr darüber erfahren. Wir möchten den Eingangsbereich unserer Firma neu bepflanzen lassen. Könnten Sie mich anrufen, um einen Beratungstermin bei uns zu vereinbaren?

....

Mit freundlichen Grüßen
Olga Romanowa

4 Eine Anfrage korrigieren.

a Lesen Sie zuerst noch einmal die Aufgabe und Anzeige in 1a und 1c. Lesen Sie dann die folgende Anfrage. Einige Redemittel passen nicht. Korrigieren Sie die falschen Redemittel.

Hallo!
Ich habe Ihre Anzeige im „Neustädter Kurier" gelesen. Ich arbeite in einem Sonnenstudio, das vier Räume hat. Das ganze Studio ist ca. 70 qm groß. Unser Sonnenstudio wurde vor zehn Jahren renoviert, alles ist jetzt schmutzig. Deshalb möchten wir neue Böden und neue Tapeten in allen Räumen haben. Alles soll hell und modern sein. Könnten Sie uns sagen, wie teuer die Renovierung ist?
Wenn ihr noch was wissen wollt, könnt ihr einfach mailen.
Tschüss!
Tomasz Pawlow

Sehr geehrte Damen und Herren,

b Lesen Sie die Anfrage noch einmal. Sind alle vier Punkte aus der Aufgabe bearbeitet? Welche fehlen? Markieren und notieren Sie.

Leitpunkt aus Aufgabe	vorhanden?	Was steht in der Mail?
Beschreiben Sie Ihren Betrieb.	*ja*	*4 Räume,*
Welche Dienstleistungen wünschen Sie?		
Termin?		
Preise?		

5 Lesen Sie die folgende Aufgabe und schreiben Sie eine E-Mail. Markieren Sie zuerst die wichtigsten Wörter in der Anzeige und in den Leitpunkten. Denken Sie beim Schreiben auch an die passenden Redemittel (Anrede, Gruß, …).

Sie arbeiten in einem Übersetzungsbüro. Alle Mitarbeiter arbeiten an Computern mit verschiedenen Programmen. Ihr Chef hat Ihnen folgende Anzeige gegeben:

IT-Service Ipsen

Wir kümmern uns um Ihre Technik – damit Sie in Ruhe arbeiten können.

Sie sind bei Ihrer Arbeit auf Computer angewiesen? Dann sorgen Sie dafür, dass Sie immer sorgenfrei arbeiten können. Wir bieten Ihnen:

- komplette Installations- und Umzugsservices (alte auf neue Computer)
- Wartung Ihrer Computer
- persönliche Betreuung durch geschulte Mitarbeiter
- auf Wunsch: 24-Stunden-Service (bei Problemen steht ein Mitarbeiter sofort zur Verfügung)
- außerdem: Schulungen zu verschiedenen Computerprogrammen – damit Sie noch schneller und sicherer arbeiten können

Wir stellen Ihnen auf Wunsch auch während der Wartung bzw. Reparatur Ersatzrechner zur Verfügung.

Weitere Informationen unter info@itserviceipsen.eu

Schreiben Sie eine Anfrage und berücksichtigen Sie die folgenden vier Punkte:
- Welche Geräte haben Sie?
- Welche Dienstleistungen wünschen Sie?
- persönliche Beratung?
- Preise?

Antwortbogen Schriftlicher Ausdruck

Sprechen

1 Kontaktaufnahme: sich vorstellen

27 **a Hören Sie das Gespräch und markieren Sie: Welche Fragen bzw. Antworten hören Sie?**

1. ☐ Was für eine Ausbildung hast du gemacht?
2. ☐ Arbeitest du gerne im Team?
3. ☐ Welche Sprachen brauchst du in deinem Beruf?
4. ☐ Musst du auch manchmal am Wochenende arbeiten?
5. ☐ Meistens nur Deutsch, manchmal muss ich aber auch etwas aus meiner Muttersprache übersetzen.
6. ☐ Nein, ehrlich gesagt arbeite ich lieber alleine.
7. ☐ Ich habe zuerst eine Ausbildung zum Maler gemacht und dann noch eine Weiterbildung zum Dekorateur.
8. ☐ Ja, aber das ist kein Problem für mich.

> Üben Sie für die Prüfung auch mit der Stoppuhr. Stellen Sie sich z. B. vor und stoppen Sie die Zeit – haben Sie noch Zeit übrig oder ist die Zeit schon vorbei?

28 **b Hören Sie die Fragen und antworten Sie.**

c Notieren Sie, welche Fragen Sie einfach oder schwierig fanden.

einfach: ....

schwierig: ....

d Hören Sie die Fragen, die Sie schwierig fanden, noch einmal. Üben Sie die Antworten.

> Achten Sie darauf, miteinander zu sprechen und nicht nur alleine zu sprechen. Stellen Sie dem Partner auch Fragen. Die Fragen können auch kurz sein, z. B. „Und was machen Sie?"

2 Gespräch über ein Thema: Text lesen und Informationen weitergeben

a Lesen Sie den Text und markieren Sie wichtige Wörter bzw. Aussagen.

Sie finden in einer Zeitschrift einen Artikel zum Thema „Wie groß sollte die Entfernung zwischen Wohnung und Arbeitsplatz sein?"

„Also, am liebsten würde ich ja zu Hause arbeiten, aber in meinem Beruf geht das nicht. Ich bin Verkäuferin, und da muss ich natürlich in einem Geschäft arbeiten. Aber mir ist total wichtig, dass mein Arbeitsplatz ganz nah an meiner Wohnung ist. Ich möchte nicht jeden Tag auch noch viel Zeit für den Weg zur Arbeit verschwenden. Man kann doch in der Zeit etwas Schöneres machen! Ich arbeite jetzt in einer Boutique, die nur 500 Meter von meiner Wohnung entfernt ist. Da kann ich bequem zu Fuß zur Arbeit. Für meine aktuelle Stelle bin ich auch umgezogen, und das würde ich auch in Zukunft wieder machen."

29 **b** Hören Sie die Zusammenfassung. Markieren Sie, welche Aussagen aus dem Text genannt werden.

Also, am liebsten würde ich ja zu Hause arbeiten, aber in meinem Beruf geht das nicht. Ich bin Verkäuferin, und da muss ich natürlich in einem Geschäft arbeiten. Aber mir ist total wichtig, dass mein Arbeitsplatz ganz nah an meiner Wohnung ist. Ich möchte nicht jeden Tag auch noch viel Zeit für den Weg zur Arbeit verschwenden. Man kann doch in der Zeit was Schöneres machen! Ich arbeite jetzt in einer Boutique, die nur 500 Meter von meiner Wohnung entfernt ist. Da kann ich bequem zu Fuß zur Arbeit. Für meine aktuelle Stelle bin ich auch umgezogen, und das würde ich auch in Zukunft wieder machen.

c Werden die Fotos beschrieben? Kreuzen Sie an.

Foto 1 (Fußgängerin) wird beschrieben:	☐ ja	☐ nein
Foto 2 (Fahrradfahrerin) wird beschrieben:	☐ ja	☐ nein

29 **d** Hören Sie die Zusammenfassung noch einmal. Kreuzen Sie an: Welche Redemittel werden benutzt?

1. ☐ Auf einem der Fotos sieht man …
2. ☐ Ein Argument ist, dass man …
3. ☐ Außerdem berichtet die Frau …
4. ☐ Möglicherweise ist das …
5. ☐ Für die Frau ist am wichtigsten, … zu …

> Die Zusammenfassung muss nicht lang sein, sie sollte aber die wichtigsten Punkte enthalten. Sie können dazu die Informationen aus dem Text benutzen, aber auch kurz das Foto bzw. die Fotos beschreiben.

e Fassen Sie die Informationen (Text und Fotos) aus 2a nochmals zusammen. Verwenden Sie dabei auch die Redemittel aus 2d.

30 **f** Hören Sie die zusätzlichen Fragen zu dem Thema und antworten Sie kurz.

31 **g** Hören Sie die Zusammenfassung eines anderen Textes. Das Thema ist auch „Entfernung zwischen Wohnung und Arbeitsplatz". Kreuzen Sie an: Welche Aussagen hören Sie?

> Sie können sich beim Hören auch Notizen machen.

1. ☐ Wenn man nah am Arbeitsplatz wohnt, sieht man seine Kollegen auch oft in der Freizeit.
2. ☐ Für einen langen Weg zum Arbeitsplatz braucht man unbedingt ein Auto.
3. ☐ Es ist schön, wenn man sich im Bus oder Zug mit Kollegen unterhalten kann.
4. ☐ Man kann nicht jedes Mal umziehen, wenn man eine neue Stelle hat.
5. ☐ Der lange Weg zum Arbeitsplatz ist manchmal sehr stressig.

h Welche Fragen könnten Sie zu dem Thema noch stellen? Kreuzen Sie an.

	ja	nein	warum nicht?
1. Bist du schon einmal für eine neue Arbeitsstelle umgezogen?	☒	☐	....
2. Würdest du lieber mit dem Auto oder mit dem Zug in Urlaub fahren?	☐	☐	....
3. Hast du schon einmal einen so langen Weg zur Arbeit gehabt wie der Mann?	☐	☐	....
4. Fährt der Mann mit dem Zug oder mit dem Auto zur Arbeit?	☐	☐	....
5. Was denkst du, welche Nachteile ein langer Weg zur Arbeit hat?	☐	☐	....

3 Gemeinsam etwas planen: Gespräch vorbereiten

a Was sollen Sie planen? Lesen Sie die Notiz und markieren Sie wichtige Wörter.

Hallo!

Unser Chef hat mir gesagt, dass ich zusammen mit dir unseren Betriebsausflug planen soll. Ich habe ja heute und morgen Urlaub, aber am nächsten Montag können wir das besprechen. Hast du eine Idee, welches Ziel für alle 10 Mitarbeiter interessant wäre? Und wie wir fahren sollen? Oder sollte das in der Nähe sein und wir laufen? Und was ist mit Essen und Getränken? Ich habe echt keine Ahnung ... Naja, Montag können wir uns was überlegen.

Viele Grüße!
Robert

b Notieren Sie in Stichpunkten, was Sie planen sollen. Schreiben Sie zu jedem Punkt auch mindestens eine Idee auf.

Betriebsausflug
- *Wohin/Ort?* *Minigolf spielen, ...*
-
-

Fertigkeitentraining

4 Wiederholung: Redemittel

Sortieren Sie die Redemittel in die Tabelle ein.

… oder was denkst du? | Ich habe eine Idee: … | Das klingt wirklich gut. | Wir könnten zuerst …

Wie findest du das? | Der Vorschlag gefällt mir sehr gut. | Bist du damit einverstanden?

Ich denke, wir sollten … | Findest du das gut / okay? | Wir sollten stattdessen lieber …

Ich glaube, dass das nicht klappt. | Außerdem sollten wir … | Ich habe eine bessere Idee: …

Meiner Meinung nach wäre … aber besser. | Ja, das ist eine gute Idee. | Ich finde das nicht so gut.

Kategorie	**Redemittel**
nach der Meinung fragen	
Vorschläge machen	
zustimmen	
widersprechen	
Alternativen vorschlagen	

5 Miteinander sprechen

Sie können zu Beginn das Thema noch mal wiederholen: „Wir sollen zusammen …" Dann haben Sie auch eine kurze Einleitung – genauso wie in einem normalen Gespräch.

32 **a** **Hören Sie die Gesprächsanfänge und kreuzen Sie an: Gibt es eine Einleitung oder nicht?**

1. ☐ ja ☐ nein
2. ☐ ja ☐ nein
3. ☐ ja ☐ nein

Wenn Sie etwas nicht verstanden haben, fragen Sie nach! Das ist auch in der Prüfung völlig in Ordnung.

33 **b** **Was können Sie sagen, wenn Sie etwas nicht verstanden haben? Hören Sie den Dialog und notieren Sie.**

....

....

c **Lesen Sie die Aufgaben und hören Sie dann die Fragen dazu. Geben Sie passende Antworten. Sie haben für jede Antwort ca. 30 Sekunden Zeit.**

34

1. Mittagessen
Planen Sie mit Ihrem Kollegen das Geschäftsessen mit Kunden morgen Mittag. (Wo? Was essen? Reservieren? Wie zum Restaurant?)

35

2. Bürostühle
Sie sollen zusammen neue Bürostühle kaufen. (Wo kaufen? Wie viele? Testen? Lieferung?)

36

3. Eingangsbereich verschönern
Sie arbeiten in einer kleinen Firma und sollen gemeinsam überlegen, wie man den Eingangsbereich schöner machen kann. (Was machen? Wer? Wann?)

37 **d** **Zwei Kollegen planen ein Geschäftsessen für Kunden. Hören Sie das Gespräch und markieren Sie: Welche Redemittel hören Sie?**

1. ☐ Wir könnten zuerst …
2. ☐ … oder was denkst du?
3. ☐ Außerdem sollten wir …
4. ☐ Bist du damit einverstanden?
5. ☐ Ja, das ist eine gute Idee.
6. ☐ Findest du das okay?
7. ☐ Wie findest du das?
8. ☐ Ich glaube nicht, dass das …
9. ☐ Ich habe eine bessere Idee: …
10. ☐ Meiner Meinung nach wäre … besser.
11. ☐ Wir sollten stattdessen lieber …
12. ☐ Ich finde das nicht so gut.

37 **e** **Hören Sie das Gespräch noch einmal und kreuzen Sie an: Was ist richtig?**

1. Wo?
   ☐ Italiener ☐ 2-Sterne-Restaurant ☐ gutbürgerlich
2. Wie zum Restaurant?
   ☐ mit dem Taxi ☐ zu Fuß

Wortschatz

Branchen und Berufe

Im Pflegeheim

1a Bilden Sie aus folgenden Wörtern mit dem Wort „Pflege" Komposita. Achten Sie auf die richtigen Artikel.

Beispiel: die Pflege + der Beruf = der Pflegeberuf

Einrichtung | Bett | Kasse | Kraft | Helfer | Helferin | Planung | Bericht | Stufe | Dokumentation | Problem | Maßnahme | Schüler | Schülerin

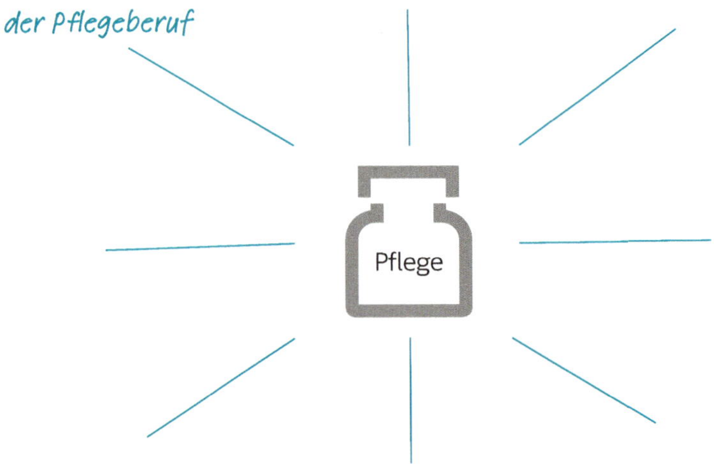

b Welches Wort passt? Markieren Sie.

1. Welche Nebenwirkungen geben | haben | bekommen diese Tabletten?
2. Pflegerinnen und Pfleger sollten gut ausgebildet | gebildet | gelernt sein.
3. Ich bin sehr gern pflegerisch arbeiten | lernen | tätig.
4. Die Pflegedienstleitung hat einen neuen Dienstplan erstellt | gesagt | beschrieben.
5. Alle Pflegemaßnahmen werden mit den Bewohnern geschrieben | abgesprochen | gesagt.
6. Wo finde | suche | gehe ich das Schwesternzimmer?
7. Ich möchte bei Ihnen gerne Fieber messen | kontrollieren | beobachten.
8. Das Medikament wird eingenommen | aufgenommen | abgenommen.

Im Hotel

2 Bilden Sie aus folgenden Wörtern elf Komposita. Achten Sie auf die richtigen Artikel.

-zimmer | Hotel- | -mädchen | Wasser- | Bett- | Bett- | Kleider- | Kleider- | -boden | -korb | -tisch | -laken

-bügel | -schrank | Kopf- | Papier- | -kissen | Nacht- | -decke | -hahn | Teppich- | Zimmer-

....

....

In der Autowerkstatt

3 **Was passt? Markieren Sie.**

1. Ich bin als Automechatroniker angestellt | vorgestellt | bestellt.
2. Im Winter und im Sommer werden die Autoreifen verwechselt | gewechselt | umgewechselt.
3. Wenn die Kunden ihre Autos zur Inspektion bringen, muss ich auch die Batterie sichten | prüfen | messen.
4. Zu unserem Service gehört es auch, dass wir die Scheibenwischer austauschen | vertauschen | umtauschen.
5. Ich bin in meinem Beruf jetzt schon seit fünf Jahren lernen | tätig | arbeiten.
6. Nach den Reparaturen muss ich für die Buchhaltung einen Bericht sagen | geben | schreiben.

Im Supermarkt

4 **Ergänzen Sie die Sätze.**

Sonderangebote | Produkte | Supermarkt | Monat | Umgang

1. Nach meiner Ausbildung habe ich eine Stelle in einem großen .... im Zentrum unserer Stadt gefunden.
2. In der Gemüseabteilung sind alle .... immer frisch.
3. Beim .... mit den Lebensmitteln ist für alle Mitarbeiter und Mitarbeiterinnen die Hygiene sehr wichtig.
4. Wenn wir die Anzeigen für unsere .... in die Zeitung gesetzt haben, kommen mehr Kunden als an den anderen Tagen.
5. Seit einem .... bieten wir in unserer Wurst- und Fleischabteilung auch Bioprodukte an.

Im Restaurant

5a **Welches Wort passt nicht? Streichen Sie durch.**

Karotte – ~~Zitrone~~ – Kohlrabi – Kartoffel	*Gemüse*
Wein – Bier – Saft – Kaffee	....
Salz – Pfeffer – Curry – Gurke	....
Steak – Bratwurst – Fisch – Schnitzel	....
Öl – Sahne – Joghurt – Quark	....
Brot – Reis – Brötchen – Kuchen	....

b **Bilden Sie den Oberbegriff für die drei passenden Wörter und notieren Sie ihn oben.**

Wortschatz

Bewerbungsunterlagen

Die schriftliche Bewerbung

1 Welche Unterlagen sind dafür wichtig? Suchen Sie die passenden Wörter.

bewerbungsfotolebenslaufanschreibenarbeitszeugnisseabschlusszeugnisseschulzeugnisseteilnahmebescheinigungenzufortbildungen

....

....

Der tabellarische Lebenslauf

2a Bringen Sie die Stichworte in die richtige Reihenfolge für einen tabellarischen Lebenslauf.

Persönliche Daten | Berufsausbildung | Schulbildung | Berufserfahrung | Sonstige Qualifikation | Fortbildungen

1. *Persönliche Daten:* ....
2. ....
3. ....
4. ....
5. ....
6. ....

b Was gehört zu welchem Stichwort? Ordnen Sie zu und ergänzen Sie in 2a.

Geburtsdatum: 28.7.1980 | 1996 Beginn der Ausbildung als Frisörin | 1996 Abschluss der Schule | Führerschein Klasse A | 1986 bis 1990 Besuch der Grundschule in Bratislava | Name: Karina Wolnjaka | 1998 Fortbildung als Kosmetikerin | Teilnahme an Deutschkursen | 2006 bis 2008 Beschäftigung als Aushilfe in einem Salon | seit 2008 Festanstellung in einem Salon

Lebenslauf

Persönliche Daten:	
Vor- und Zuname:	Marina Lubic
Geburtstag:	28.6.1982
Geburtsort:	Kiew
Wohnort:	Mainz
Staatsangehörigkeit:	deutsch
Familienstand:	verheiratet, ein Kind
Berufserfahrung:	
2006–2011	Schneiderin am Staatstheater, Kiew
2005–2006	Praktikum im Designstudio Krasny, Kiew
Ausbildung:	
2002-2005	Fachhochschulstudium Design, Kiew
Schulausbildung:	
1989-2001	Grund- und Oberschule in Kiew, Abschluss: Abitur
Fortbildungen:	
2012-2013	Deutschkurse an der vhs Mainz
Besondere Kenntnisse:	
Sprachen:	Deutsch (gute Kenntnisse in Wort und Schrift, DTZ), Englisch (gute Kenntnisse in Wort und Schrift), Russisch (Muttersprache), Ukrainisch (Muttersprache)
Sonstiges:	Seit 2014 ehrenamtliche Tätigkeit in der Kleiderkammer der DRK, Mainz

Mainz, 25.9.2015

c Schreiben Sie nun Ihren eigenen tabellarischen Lebenslauf auf einem extra Blatt.

Das Anschreiben

3 Ergänzen Sie die Sätze.

Bewerbung

Sehr geehrte Damen und Herren,

mit großem ________________ (1) habe ich Ihre Anzeige vom 02.05.2015 im Internetportal der Tageszeitung gelesen. Sie suchen eine ________________ (2) Friseurin und Kosmetikerin für Ihren Salon.Ich bewerbe mich für diese ________________ (3).

Ich verfüge über eine langjährige ________________ (4) als Friseurin und Kosmetikerin und habe mich ständig weitergebildet, da ich offen für ________________ (5) bin. Gerade die Möglichkeit, dass ich beide ________________ (6) einbringen kann, ist für mich besonders interessant. Ich arbeite gerne im Team, und auch der ________________ (7) mit Kundinnen und Kunden macht mir sehr viel Freude.

Derzeit arbeite ich als ________________ (8), da ich einen Deutschkurs besuche, der in vier Wochen mit der Abschlussprüfung „telc B1+ Beruf" enden wird.

Ich spreche Deutsch auf dem ________________ (9) B1+. Meine Muttersprache ist Slowakisch, und ich spreche gut Tschechisch, Polnisch und Englisch.

Über die Einladung zu einem ________________ (10) Gespräch würde ich mich sehr freuen.

Mit freundlichen Grüßen

Karina Wolnjaka

Anlagen:
Lebenslauf
Kopien der ________________ (11)
Kopie des Schulabschlusszeugnisses
Kopien der Fortbildungsnachweise

NIVEAU | TEILZEITKRAFT | BERUFSERFAHRUNG | QUALIFIKATIONEN | STELLE | UMGANG | INTERESSE | NEUERUNGEN | QUALIFIZIERTE | ARBEITSZEUGNISSE | PERSÖNLICHEN

Wortschatz

Das Vorstellungsgespräch

1 Wie sollte der Bewerber sein? Kreuzen Sie an.

Wir suchen zum nächstmöglichen Zeitpunkt eine/n Verkäufer/in für unser alteingesessenes Haushaltswarengeschäft. Wenn Sie in unserem Team mitarbeiten möchten, bringen Sie mit:

- Berufserfahrung im Verkauf
- Flexibiliät
- Teamgeist
- Organisationsgeschick
- Verkaufstalent.

Wenn Sie interessiert sind, melden Sie sich vorab unter der Telefonnummer 0212/1234456, Frau Sonnenberg.

Sonnenberg Haushaltswaren, Ringweg 3, 42564 Solingen

- ☐ zeitlich flexibel
- ☐ hübsch
- ☐ gut im Organisieren
- ☐ talentiert im Verkauf
- ☐ berufserfahren
- ☐ sprachlich geschickt
- ☐ gut organisiert
- ☐ modern gekleidet
- ☐ teamfähig
- ☐ freundlich

2 Was passt zusammen? Verbinden Sie.

Ich interessiere mich	auch am Wochenende	gerne zur Verfügung stellen.
Ich könnte auch	meine Unterlagen	mit mehr Verantwortung.
Ich bin	als Verkäuferin	umziehen.
Ich hätte gerne	in eine andere Stadt	zu arbeiten.
Ich bin bereit,	einen Arbeitsplatz	in Ihrem Betrieb.
Ich kann	für die Stelle	sehr erfahren.

3 Welches Verb passt? Markieren Sie.

1. Ich habe meine Ausbildung zur Verkäuferin mit Erfolg beschlossen | gearbeitet | abgeschlossen.
2. Für die neue Stelle würde ich auch in eine andere Stadt verziehen | umziehen | beziehen.
3. Ich bin bereit, Verantwortung zu nehmen | annehmen | übernehmen.
4. Guten Tag, ich möchte mich gerne bestellen | vorstellen | umstellen.
5. Wir wollen Sie gern als neue Verkäuferin bei uns aufstellen | einstellen | bestellen.
6. Mir wurde eine Stelle als Verkäuferin angeboten | gesagt | gezeigt.

4a **Was passt? Kreuzen Sie an.**

S: Guten Tag, Firma Sonnenberg, Frau Sonnenberg am Apparat, ... (1)?

P: Guten Tag Frau Sonnenberg, ... (2) Karina Pasionek. Ich rufe wegen Ihrer Anzeige an. Sie suchen eine Verkäuferin?

S: Guten Tag Frau Pasionek, ... (3). Ja, wir suchen eine erfahrene neue Mitarbeiterin.

P: Schön!

S: Ich möchte Ihnen gerne vor einem persönlichen Gespräch .... (4).

P: .... (5), was möchten Sie denn wissen?

S: Haben Sie eine Ausbildung als Verkäuferin?

P: Ja, ich habe 2002 .... in Polen .... (6). Ich habe mein Zeugnis auch übersetzt.

S: Das hört sich ja schon gut an. Haben Sie in dem Beruf auch schon gearbeitet?

P: Bis zu meinem Umzug nach Deutschland 2012 habe ich ganztags in einem Schreibwarengeschäft gearbeitet. Ich war dort drei Jahre erste Verkäuferin.

S: Dann sind Sie ja schon drei Jahre in Deutschland. Sie sprechen gut Deutsch.

P: .... (7)! Ich habe Sprachkurse besucht und gerade meine B1+ Prüfung sehr gut bestanden.

S: Sehr schön. Sie wissen, dass Sie auch samstags arbeiten müssen? Ist das ein Problem für Sie?

P: Aber nein, ... (8).

S: Frau Pasionek, ich möchte Sie gerne .... (9). Haben Sie übermorgen um 10.30 Uhr Zeit?

P: Sicher, ich .... (10) zu dem Termin.

S: Bitte bringen Sie Ihre Unterlagen mit.

P: Auf jeden Fall, ich habe dann .... (11).

S: Dann bis übermorgen. Einen schönen Tag.

P: Dankeschön, ... (12), bis übermorgen.

1.	☐ was kann ich für Sie tun?	☐ schön, dass Sie anrufen.
2.	☐ hier ist	☐ mein Name ist
3.	☐ schön, dass Sie anrufen.	☐ danke
4.	☐ einige Fragen stellen	☐ einen Termin machen
5.	☐ sehr gern	☐ ach ja
6.	☐ meine Ausbildung aufgehört	☐ meine Ausbildung abgeschlossen
7.	☐ Danke	☐ Bitte sehr
8.	☐ das kenne ich	☐ das weiß ich
9.	☐ wiedersehen	☐ persönlich kennenlernen
10.	☐ komme gerne zu dem Termin	☐ ich rufe gern wieder an
11.	☐ alle Briefe dabei	☐ auch alle Papier dabei
12.	☐ dann also	☐ das wünsche ich Ihnen auch

38 **b** **Hören Sie jetzt das Gespräch und überprüfen Sie Ihre Lösung.**

c **Spielen Sie mit den Redemitteln ein Telefongespräch.**

Wortschatz

Die Berufsausbildung

1 Warum möchten Sie den Beruf lernen? Ergänzen Sie.

haben | interessiert sein | passen | umgehen können | geschickt sein | einbringen können

1. Ich möchte diesen Beruf lernen, weil ich sehr gut mit Menschen ....
2. Die Ausbildung gefällt mir, weil ich technisch ....
3. Ich denke, dass dieser Beruf gut zu mir ....
4. Ich habe mich für diesen Beruf entschieden, weil er gute Zukunftschancen ....
5. Dieser Beruf ist für mich genau richtig, weil ich jetzt meine persönlichen Stärken ....
6. Ich habe diesen Beruf gewählt, weil ich handwerklich ....

2 Ordnen Sie jeder Erklärung mindestens zwei Begriffe zu.

die Ausbildung | der/die Auszubildende/Azubi | die Berufsschule | die Gesellenprüfung | der Lehrling | der Ausbilder | der/die Berufsschüler/in | die Abschlussprüfung | der Gesellenbrief | der Berufsabschluss | der/die Meister/in | die Lehre | der Betrieb

1. das Erlernen eines Berufs: ....
2. jemand, der einen Beruf lernt: ....
3. der Ort, an dem man einen Beruf lernt: ....
4. die Person, die einen Beruf erklärt: ....
5. der Abschluss einer Ausbildung: ....

3 Welches Wort passt? Ergänzen Sie.

die Ausbildung | der Ausbilder | der/die Auszubildende (Azubi) | ausbilden | die Berufsschule | der/die Berufsschüler/in | die Gesellenprüfung | der/die Geselle/Gesellin | die Abschlussprüfung | der Gesellenbrief

1. In zwei Wochen werde ich meine .... machen.
2. Zweimal in der Woche gehe ich zur ....
3. Ich bin in unserem Betrieb der .... für die Azubis.
4. Seit zwei Jahren bin ich .... in meiner Firma.
5. Meine .... macht mir sehr viel Spaß.
6. Vor der .... an der Berufsschule war ich sehr nervös.
7. Nach seiner Abschlussprüfung arbeitet er als ....
8. Die .... lernen die Theorie in der Berufsschule und die Praxis im Betrieb.
9. Wenn ich meine Prüfungen bestanden habe, bekomme ich meinen ....
10. Jedes Jahr .... wir fünf junge Frauen und Männer ....

Die Teamarbeit

1a Was passt wohin? Ordnen Sie zu.

der Kollege / die Kollegin | der Respekt | der Konflikt | die Bereicherung | der Einzelkämpfer / die Einzelkämpferin | das Problem | die Teamregeln | die Chance | die Hierarchie | die Hilfsbereitschaft | die Zusammenarbeit | die Kollegialität

Pro Teamarbeit: ……………………

……………………

……………………

Contra Teamarbeit: ……………………

……………………

……………………

b Ergänzen Sie in den Sätzen die Adjektive. Es gibt mehrere Möglichkeiten.

hierarchisch | hilfsbereit | teamorientiert | problematisch | einzelkämpferisch | respektvoll | hilfreich | konfliktreich | bereichernd | unkollegial | respektlos | kollegial | chancenlos

1. Unsere neue Mitarbeiterin ist sehr …………………… .
2. Mein Kollege ist leider nicht immer …………………… .
3. Ein …………………… Umgang miteinander ist uns sehr wichtig.
4. Wir arbeiten in unserer Abteilung alle sehr …………………… . Keiner ist ein Einzelkämpfer.
5. Wenn ich neue Ideen durchsetzen möchte, bin ich ohne meine Kollegen eher …………………… .
6. Es gibt aber auch immer wieder …………………… Themen.
7. Mein Vorgesetzter ist ein …………………… Typ, er entscheidet immer alleine.
8. In …………………… Situationen sprechen wir sofort miteinander.
9. Die klaren …………………… Strukturen in unserem Betrieb sind manchmal …………………… .
10. Wenn meine Kollegin immer zu spät kommt, finde ich das …………………… .

2 Welche Reaktion passt? Kreuzen Sie an.

1. Darf ich Sie kurz sprechen?
   a. ☐ Ja gerne, ich verbinde Sie mit dem Kollegen.
   b. ☐ Ja sicher, kommen Sie herein.
2. Ist die Tagesordnung für unsere Teamsitzung komplett?
   a. ☐ Ich habe noch eine Ergänzung.
   b. ☐ Kein Problem, ich mache mit.
3. Können Sie morgen für mich den Spätdienst übernehmen?
   a. ☐ Gut, ich werde das einrichten.
   b. ☐ Ich gebe Ihnen nächste Woche Bescheid.
4. Ist der Dienstplan für die nächste Woche schon fertig?
   a. ☐ Ich konnte noch nicht fragen.
   b. ☐ Ich werde ihn morgen verteilen.
5. Wann machen wir dieses Jahr unsere Weihnachtsfeier?
   a. ☐ Ich schlage vor, dass wir die Feier in der Woche vor Weihnachten machen.
   b. ☐ Ich schlage vor, dass die Feier abends stattfindet

Wortschatz

Im Betrieb

1a **Bilden Sie aus den Verben Nomen mit -ung.**

sich krank melden – bestellen – anleiten – beraten – besprechen – veranstalten – einweisen – liefern – planen – sich fortbilden

die Krankmeldung ....

....

....

b **Ergänzen Sie die gesuchten Nomen aus 1a.**

1. Sie haben Grippe und müssen drei Tage zu Hause bleiben. Ihrem Arbeitgeber schicken Sie Ihre _ _ _ _ _ _ _ _ _ ung.
2. Sie erklären Ihrem neuen Kollegen, wie er die Geräte in der Firma bedienen muss. Sie geben ihm eine _ _ _ _ _ _ _ ung .
3. Der Kunde benötigt bis übermorgen 500 Paletten und Sie bearbeiten seine _ _ _ _ _ _ _ ung.
4. Sie ärgern sich: Sie können nicht weiter arbeiten, weil die _ _ _ _ _ _ ung nicht pünktlich war.
5. In Ihrer Firma gibt es neue Geräte. Zuerst lesen Sie die _ _ _ _ _ _ ung durch, um zu erfahren, was man beachten muss.
6. Jeden Dienstag findet eine _ _ _ _ _ _ _ _ ung statt, an der alle Mitarbeiter unserer Abteilung teilnehmen.
7. Unser Chef denkt ein Jahr im Voraus. Alle Mitarbeiter müssen die Jahres-_ _ _ _ ung bis Ende Mai abgeben.
8. Die Produkte unserer Firma werden zweimal im Jahr auf Messen präsentiert. Es ist eine wichtige _ _ _ _ _ _ _ _ _ _ ung für alle.
9. Wenn sich ein Kunde zwischen zwei Produkten nicht entscheiden kann, dann ist die _ _ _ _ _ ung besonders wichtig.
10. Die Technik entwickelt sich sehr schnell und ich lerne ständig etwas Neues, deswegen ist die _ _ _ _ _ _ _ _ ung für mich wichtig.

2 **Olesja schreibt an ihre Freundin Tanja eine E-Mail. Ergänzen Sie.**

Beschwerde	Konferenzraum	Messestand	Raumvergabe	Reklamation	Terminabsprachen

Hallo Tanja,
ich hoffe, dir geht's besser als mir. Stell dir vor: ich war kaum im Büro, da klingelt das Telefon ;-(Der Kunde hat die falsche Ware bekommen! 800 Stück einfach falsch geliefert! Er wird noch eine .... (1) schreiben. Dann habe ich meine E-Mails gelesen: Unser größter Kunde wartet seit drei Wochen auf die Lieferung. Er hat schon eine .... (2) an die Geschäftsführung geschickt. Das wird unseren Chef überhaupt nicht freuen … Dann kam Lena – total aufgeregt: Der .... (3) war besetzt und die Technik war nicht aufgebaut. Sie hat mich direkt gefragt, ob ich die .... (4) eingetragen habe. Natürlich nicht. Niko ist für die .... (5) zuständig, aber er ist gerade auf einer Fortbildung. Irgendwann ist es zu viel. Dabei muss ich noch unseren .... (6) organisieren. Die Cebit beginnt am Samstag.
Und heute ist erst Montag!
Mach's gut
Olesja

3a Verbinden Sie die Satzteile.

1. Obwohl die Ware sicher verpackt wurde,
2. Unsere Firma hat eine eigene Abteilung,
3. Wir benötigen einen eigenen Firmenserver,
4. Die Mitarbeiter beobachten den Markt genau,
5. Es ist bestimmt nicht einfach,

a. Preise mit den Lieferanten zu verhandeln.
b. damit die Firma auf Neuerungen reagieren kann.
c. um unabhängig zu sein.
d. in der die einzelnen Produkte entwickelt werden.
e. kam sie beschädigt an.

b Welche Abteilungen sind in 3a beschrieben? Finden Sie die richtigen Wörter.

FIRMA

1. SVEANDR	2. NGNEUTKLCWI	3. TULANITBGEI	4. INGMKARET	5. FAUEINK
....	....	....	....	....

4a Was macht der Mitarbeiter? Markieren Sie.

1. Mit den Kunden treffen | überzeugen | öffnen | telefonieren
2. Eine Konferenz teilnehmen | organisieren | anrufen | arbeiten
3. Einen Termin versuchen | verschieben | vertreiben | verbringen
4. Eine Teambesprechung leiten | rufen | bauen | abrechnen
5. Eine Kundendatenbank abschreiben | akquirieren | verwalten | besuchen
6. In der Buchhaltung bezahlen | nachfragen | bewirten | einladen

b Welche Verben aus 4a passen zu den Nomen?

an einer Schulung / Fortbildung | den Vertrieb | in der Logistik-Branche | den Konkurrenten | Zeit | die Ersatzteile | eine Dienstreise | neue Kunden | Verluste

an einer Schulung teilnehmen, ...

....

Die Büroausstattung

1a Welche Möbelstücke sind in Ihrem Büro? Beschriften Sie.

der Drehstuhl | der Aktenschrank | der Computer | der Schreibtisch | der Rollcontainer | das Regal

1. ....
2. ....
3. ....

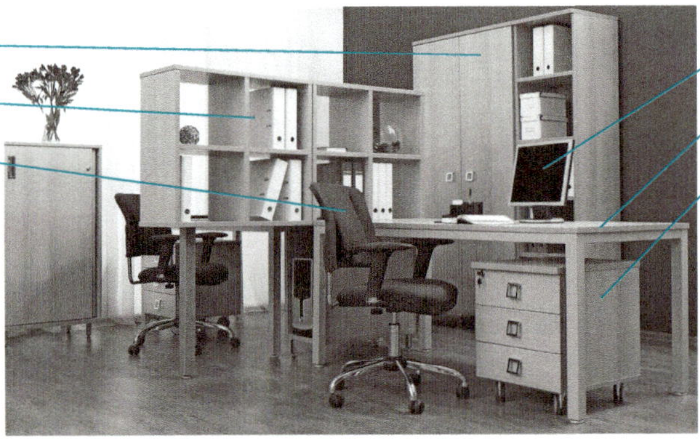

4. ....
5. ....
6. ....

b Was benötigen Sie noch im Büro? Finden Sie die richtigen Wörter.

1. NDWAPINN ....
2. SCHTIFEKONRENZ ....
3. PIERPAKORB ....
4. PETISCHLAMSCHREIB ....

2a Bilden Sie sieben Komposita. Achten Sie auf den richtigen Artikel.

-klammern | -ordner | -schreiber | -hefter | Büro- | Akten- | -korb | -planer | Ablage- | -stift

Kugel- | Jahres- | Klebe- | Schnell-

....

....

b Ordnen Sie den Komposita aus 2a die passende Beschreibung zu.

1. zwei Blätter zusammenheften: ....
2. die Unterlagen nach Kriterien sortieren: ....
3. den Werks- / Urlaubs- / Messeplan festhalten: ....
4. etwas fest verbinden: ....
5. die Übersicht bewahren: ....
6. etwas notieren: ....
7. etwas abheften: ....

c Wohin gehören die Gegenstände aus 2a?

auf den Schreibtisch	in den Aktenschrank	in die Schublade

3 Welches Wort passt? Ergänzen Sie auch die entsprechende Endung.

effizient | entworfen | funktional | modern

Unsere .... (1) **Büromöbel schaffen für Sie einen perfekten Arbeitsraum!**
Dieser lässt Sie produktiv und .... (2) arbeiten. Der ergonomisch .... (3) Schreibtisch strahlt die pure Qualität aus. Der elegante Seitentisch mit einem .... (4) Rollcontainer hilft Ihnen, alles in Ihrer Reichweite zu halten.

ausgewogen | erfrischend | lebensfreudig | neu

.... (5) **Akzente in Ihrem Büro**
Geben Sie Ihrem Büro einen .... (6) Look mit formschönen und modernen Büromöbeln. Unser Motto: Zeitgenössisches und .... (7) Design. Alles ist aus einem .... (8) Mix verschiedener Materialien produziert.

ausdrucksstark | hoch | zeitlos | zunehmend

Furnierte Büroeinrichtung verliert nicht an Wert. Im Gegenteil! Mit .... (9) Alter gewinnt sie an Schönheit und Charakter. Durch die .... (10), stilvolle Gestaltung wird sie zum Mittelpunkt in Ihrem Büro. Ihr Büro wirkt .... (11) schön. Sie beweisen Stil, guten Geschmack und einen .... (12) Anspruch.

hervorragend | optisch | rasant | repräsentativ

Die sich .... (13) verändernde Arbeitswelt, der Wandel der Technik, der Arbeitsprozesse und der Besprechungskultur stellen heute höchste Anforderungen an die Arbeitsplatzgestaltung. Der .... (14) Konferenztisch ist ein Muss! Er überzeugt in Verbindung mit dem qualitativ hochwertigen Aktenschrank in .... (15) Hinsicht. Alles in .... (16) Qualität!

Wortschatz

Kommunikation am Arbeitsplatz

1a **Mit wem kommunizieren Sie am Arbeitsplatz? Kreuzen Sie an.**

- ☐ die Kollegin / der Kollege
- ☐ die Familienmitglieder
- ☐ die / der Vorgesetzte
- ☐ die Kundin / der Kunde
- ☐ die Freundin / der Freund
- ☐ die Praktikantin / der Praktikant
- ☐ die Besucherin / der Besucher
- ☐ die Journalistin / der Journalist
- ☐ die Partnerin / der Partner
- ☐ die / der Auszubildende
- ☐ die Volontärin / der Volontär

b **Mit wem nicht? Warum nicht?**

c **Ergänzen Sie das richtige Verb in der richtigen Form. Es ist immer eine Form von sprechen.**

etwas ansprechen (Akk) | etwas besprechen (Akk) | sprechen mit (D) | sprechen über (Akk) | jemandem etwas versprechen (D und Akk) | sich aussprechen für (Akk)

1. – Ich brauche unbedingt am Freitag frei!
   – Wir werden eine Lösung finden. Das .... ich Ihnen.
2. – Wie kann ich Ihnen helfen?
   – Ich möchte .... die falsche Rechnung ....
3. – Das muss ich dir gleich erzählen: Gestern hat sich die Mehrheit der Belegschaft für einen zusätzlichen Brückentag ....
4. – Der Punkt „Einnahmen" muss unbedingt auf die Tagesordnung!
   – Ich weiß, dass du das schon letztens .... hast, aber damals hatten wir keine Zeit.
5. – Entschuldigung, ich höre Sie so schlecht. .... wem .... ich?
6. – Ich hätte noch was: die gestiegenen Produktionszahlen.
   – Dann .... wir das sofort – das ist wichtig.

39 **2** **Sie hören kurze Telefongespräche. Entscheiden Sie, welcher Begriff zu welchem Anruf passt.**

Terminanfrage | Terminverschiebung | Terminbestätigung | Terminabsage | Terminabstimmung

Gespräch 1 ....

Gespräch 2 ....

Gespräch 3 ....

Gespräch 4 ....

Gespräch 5 ....

3a Welche Redemittel passen zu welcher Betreffzeile? Verbinden Sie.

1 Betreff: Zahlungserinnerung / Mahnung

2 Betreff: Auftragsbestätigung

3 Betreff: Anfrage

4 Betreff: Reklamation

5 Betreff: Auftrag / Bestellung

6 Betreff: Beschwerde

7 Betreff: Angebot

a
Sehr geehrte Frau Rehling,
auf Ihrer Webseite habe ich den Scanner RW-870 entdeckt, der unseren Anforderungen entspricht. Könnten Sie 15 Stück bis zur nächsten Woche liefern?...

b
Sehr geehrte Damen und Herren,
Ihre Lieferung erhielten wir fristgerecht am 30.03. Leider stimmte die Menge nicht ...

c
Sehr geehrte Damen und Herren,
am 12.05. haben wir Ihre Lieferung erhalten. Bis heute funktioniert kein einziges Gerät! Wir sehen uns leider gezwungen, vom Kauf Ihrer Geräte zurückzutreten...

d
Sehr geehrte Damen und Herren,
vielen Dank für Ihr Interesse an unseren Produkten. Wir legen diesem Schreiben unsere aktuelle Preisliste bei. ..

e
Sehr geehrte Damen und Herren,
für die unten angegebenen Posten konnten wir bis zum heutigen Tag keinen Zahlungseingang auf unserem Konto feststellen...

f
Sehr geehrte Damen und Herren,
wir danken Ihnen für Ihr Angebot und bestellen hiermit ...

g
Sehr geehrter Herr Ziegel,
es freut uns sehr, dass Sie sich für unser Produkt entscheiden. Vielen Dank für Ihre Bestellung vom 01.04., die wir hiermit bestätigen...

b Sie möchten einen Scanner bestellen. Wie ist die Reihenfolge der Schritte in 3a?

1. *Anfrage* ....
2. ....
3. ....
4. ....

Der Scanner funktioniert nicht. Wie geht es weiter?

5. ....
6. ....
7. ....

Wortschatz

Informationstechnik

1a Welche Geräte erleichtern die Arbeit im Büro? Finden Sie 11 versteckte Wörter. Notieren Sie auch den dazugehörigen Artikel.

A	Y	C	X	D	F	I	B	V	E
B	I	N	T	R	A	N	E	T	N
R	N	M	N	U	X	R	A	A	O
E	T	Q	P	C	A	E	M	B	H
T	E	R	O	K	I	R	E	L	P
U	R	U	T	E	K	E	R	E	T
P	N	W	P	R	O	I	O	T	R
M	E	P	A	S	M	P	L	L	A
O	T	E	L	E	F	O	N	A	M
C	X	T	I	M	N	K	K	S	S

1. ....
2. ....
3. ....
4. ....
5. ....
6. ....
7. ....
8. ....
9. ....
10. ....
11. ....

b Welches Verb passt? Ergänzen Sie in 1a.

vibrieren | laut/stumm stellen | recherchieren | googeln | präsentieren | anrufen | abschicken | vervielfältigen | einschalten | hochfahren | sich einloggen/anmelden | herunterladen

40 **2a** Herr Jellon hat ein Problem. Hören Sie das Gespräch und kreuzen Sie an, richtig (+) oder falsch (–).

	+	–
1. Herr Jellon ist auf Dienstreise.	☐	☐
2. Der Computer lässt sich anschalten.	☐	☐
3. Herr Jellon kommt ins Intranet.	☐	☐
4. Herr Jellon möchte, dass der Techniker kommt.	☐	☐
5. Die Abteilung von Herrn Jellon hat einen neuen Arbeitsplatz.	☐	☐

b Was kann man bei Computerproblemen tun? Verbinden Sie.

1. Ihr Computer lässt sich nicht starten.
2. Das Verschicken der E-Mail dauert sehr lange.
3. Der Drucker druckt nicht.
4. Die Maus funktioniert nicht.
5. Sie müssen sich auf Ihrem Arbeitsplatz anmelden, aber es funktioniert nicht.

a. Die Batterie ist leer.
b. Das Kabel steckt nicht.
c. Die WLAN-Verbindung ist schlecht.
d. Das Kennwort ist falsch.
e. Es ist kein Papier im Papierfach.

c **Welches Verb passt nicht? Streichen Sie durch.**

1. den Computer hochfahren | einschalten | anmachen | arbeiten
2. das Programm aufrufen | öffnen | anklicken | senden
3. einen USB-Stick einstecken | herausnehmen | benutzen | beladen
4. eine Datei hochladen | speichern | ausdrucken | ausmachen

3 **Bringen Sie die Schritte einer Kundenbestellung in die richtige Reihenfolge. Nummerieren Sie.**

- [ ] die Kundendaten abfragen / kontrollieren
- [ ] die gewünschte Menge in der Lieferung ankreuzen
- [ ] das Programm mit den Kundendaten aufrufen
- [ ] dem Kunden eine Bestätigung per Mail schicken
- [ ] den Kundennamen eingeben
- [ ] den Auftrag im Computer unter den Kundendaten speichern
- [ ] die Bestellung vom Kunden aufnehmen

1. ....
2. ....
3. ....
4. ....
5. ....
6. ....
7. ....

Wortschatz

Sicherheit am Arbeitsplatz

1a Was gehört zum Arbeitsschutz? Welche Wörter passen zum Foto? Ordnen Sie zu.

Schutzhelm | Ohrenschutz | Sicherheitsweste | Schutzhandschuhe | Atemschutz / Schutzmaske | Schutzbrille | Schutzanzug

b Welches Wort passt zu welchem Verb? Mehrfachnennungen sind möglich.

tragen	aufsetzen	anziehen

41 **2** Sie hören einen Radiobeitrag zur Arbeitssicherheit im Lager und Betrieb. Kreuzen Sie an.

1. Wofür ist Herr Muschke zuständig?
   a. Personal
   b. Vertrieb
   c. Arbeitssicherheit

2. Was gehört zur PSA?
   a. Schutzanzüge
   b. Sicherheitsschuhe, Schutzbrille, Helm, Atemschutz
   c. Atemmaske, Sicherheitsweste

3. Aus welchem Material sind die Regale?
   a. aus Holz
   b. aus Stahl
   c. aus Aluminium

4. Warum sind sie aus diesem Material?
   a. wegen der Stabilität
   b. wegen der Festigkeit
   c. wegen der Höhe

5. Was ist noch bei den Regalen zu berücksichtigen?
   a. dürfen nicht wackeln
   b. sollen eine Rückwand haben
   c. müssen fachgerecht montiert und gesichert werden

6. Welche Waren sind besonders kompliziert zu lagern?
   a. große Teile
   b. Flüssigkeiten
   c. rutschige Teile

Geschäftsessen & Co.

1 Ergänzen Sie die Sätze.

der Bewirtungsbeleg | das Geschäftsessen | die Mitarbeiterbewirtung | der Mittagstisch

1. Sie wollen mit einem Lieferanten einen Vertrag abschließen und treffen sich zum Abendessen. Sie laden ihn zum .... ein.
2. Nach dem Essen mit Ihren Kunden im Restaurant benötigen Sie eine Rechnung. Sie fordern einen .... an.
3. Ihr Chef bestellt eine große Pizza für alle. Das nennt man ....
4. Die Gerichte sind mittags oft vergünstigt im Angebot. Wegen des niedrigen Preises ist .... bei Beschäftigten sehr beliebt.

42 **2a Hören Sie die Telefongespräche. Was organisieren die Anrufer? Wählen Sie den passenden Begriff.**

die Betriebsferien | der Erholungsurlaub | das Firmenjubiläum | die Geburtstagsparty | die Konferenz | das Meeting | die Verabschiedung | die Werbeveranstaltung | die Betriebsbesichtigung

Anruf 1 .... Anruf 2 .... Anruf 3 .... Anruf 4 ....

b Ordnen Sie den Definitionen die Wörter aus 2a zu.

1. Der Arbeitgeber hat für das ganze Unternehmen einheitlich zwei Wochen Urlaubszeit für alle Mitarbeiter festgesetzt. ....
2. Der Arbeitgeber ist gesetzlich verpflichtet, dem Arbeitnehmer einen Zeitraum zur Verfügung zu stellen, in dem sich der Arbeitnehmer entspannen und zu neuen Kräften kommen kann. ....
3. Ihr Arbeitskollege arbeitet seit 50 Jahren in der Firma. Sie organisieren für ihn im Unternehmen ein Fest. ....
4. Eine Veranstaltung für Personen, die in einem speziellen Themenbereich arbeiten und dort die neuesten Erkenntnisse vorstellen und diskutieren. ....

3 Welches Wort ist richtig?

1. Sie sind neu in der Firma und organisieren eine kleine Feier, um sich den Kollegen vorzustellen. Sie bringen etwas zum Essen und Trinken mit. Das nennt man:
   a. ☐ einen Aufstand b. ☐ einen Einstand c. ☐ einen Ausstand
2. Am Donnerstag ist ein Feiertag, der 1. Mai. Wie heißt der arbeitsfreie Tag vor dem Wochenende?
   a. ☐ ein Brückentag b. ☐ ein Reisetag c. ☐ ein Wochenendtag
3. Während der Programmplanung müssen alle Mitarbeiter in der Firma anwesend sein. Sie dürfen keine Überstunden abfeiern oder frei nehmen. Das heißt …
   a. ☐ Urlaubsplanung b. ☐ Urlaubssperre c. ☐ Urlaubszeit
4. Wenn ein Mitarbeiter 25 Jahre in einer und derselben Firma arbeitet, spricht man von …
   a. ☐ einem Dienstjubiläum b. ☐ einem Dienstag c. ☐ einem Jahrestag

Grammatik

Verben in Gegenwart und Vergangenheit

1 Was passt? Ergänzen Sie die Modalverben in der passenden Form.

dürfen | können | möchten | müssen | sollen | wollen

1. Sie hat Portugiesisch für die Ausbildung gelernt: Sie .... gut Portugiesisch.
2. Der Brief ist auf Spanisch und ihr Chef braucht ihn auf Deutsch: Sie .... einen Brief für die Geschäftsführung übersetzen.
3. Ihr Freund meint, sie hat viele Überstunden: Sie .... weniger arbeiten.
4. Sie hat ihren Urlaub für den Sommer geplant: Sie .... ihren Urlaub im Sommer nehmen.
5. Während der Arbeitszeit .... man keine privaten Mails verschicken. Es ist verboten.
6. Sie hat den Wunsch, heute etwas früher nach Hause zu gehen: Sie .... gerne heute etwas früher nach Hause gehen.

2 Trennbar oder untrennbar? Ergänzen Sie die Verben im Präsens.

anrufen | beraten | bestellen | empfehlen | stattfinden | zurückrufen

1. Wer .... den Kunden aus Asien?
2. Unsere Abteilung .... die Ersatzteile beim Zulieferer.
3. Jörg .... in der Zentrale ....
4. Wo .... die Präsentation ....?
5. Wann .... Sie mich ....? Ich bin nur bis 14:00 Uhr da.
6. Er .... seinem Kunden ein neues Produkt.

3 Ergänzen Sie die Verben im Präteritum.

Die Geschichte der Firma .... (1. beginnen) in einem Kellerraum. Mit der Konstruktion des ersten Kleindruckers .... (2. legen) Hermann Wierl den Grundstein für die heutige Wierl AG. Mit seinem Schwager, Joseph Liem, ... (3. gründen) Herr Wierl seine Firma. Innerhalb weniger Jahre .... (4. entwickeln) sich die Firma zum größten Produzenten von Druckmaschinen. Die Produktion .... (5. liefern) ununterbrochen 72 Jahre lang die hochqualitativen Geräte der Marke Wierl. Zur Firma .... (6. gehören) auch weitere Sparten. Zunächst .... (7. unterhalten) sie nur Standorte in Deutschland. Später .... (8. wachsen) die Firma auch im Ausland. Internationale Anerkennung .... (9. bringen) der Firma Großprojekte in Lateinamerika. Der Gründer .... nach 30 Jahren aus dem operativen Geschäft .... (10. sich zurückziehen). Sein Nachfolger .... (11. treffen) wegweisende Entscheidungen für die Zukunft.

4 Welche Partizipien sind hier versteckt? Notieren Sie sie und ergänzen Sie auch die Infinitive.

dortgearbeitetsonstgeholfengroßräumigvertretenjedochgegangendannentschuldigtanschließendgekommenbestensverkauftwahrscheinlichgespeicherttrotzdemkontrolliertgefeuertgeradegestempeltschonentwertetbildhaftverteiltgleicheingescannt

gearbeitet – arbeiten; ....

....

....

5 Vor dem Firmenumzug

Schreiben Sie Sätze im Perfekt in die Tabelle. Achten Sie auf das korrekte Verb auf Position 2.

1. gestern spät – aus Duisburg kommen – die Geschäftsführerin
2. die neuen Räumlichkeiten – dort – besichtigen – sie (Sg)
3. der neue Standort – gemeinsam – anschauen – sie – mit dem Vertreter
4. alle Räume – genau – messen – sie (Pl)
5. die Geschäftsführerin – die richtige Entscheidung – treffen
6. beide – spät am Abend – nach Bonn – zurückfahren

Position 1	**Position 2 Verb**		**Satzende Partizip Perfekt**
1. *Die Geschäftsführerin*	*ist*		
2.			
3.			
4.			
5.			
6.			

6 Nach dem Firmenumzug

Ergänzen Sie die Verben im Plusquamperfekt. Achten Sie auf die Position der Verben im Nebensatz.

1. Nachdem die Firma .... (umziehen), hatte sie weitere Probleme.
2. Erst nachdem die Marketingabteilung zum zweiten Mal eine Rundmail .... (schicken), speicherten die Kunden die neue Adresse.
3. Nachdem die Kunden die Rechnungen .... (korrigieren), stimmte auch der Adressat.
4. Als die ersten Besucher zum Eröffnungsfest .... (anreisen), waren alle sehr überrascht.
5. Nachdem sie die neuen Büros .... (sehen), gab es einen Sektempfang.
6. Nachdem die Geschäftsführerin die Rede .... (halten), begann die Feier.

Grammatik

Passiv

1 Futur, Konjunktiv oder Passiv? Notieren Sie.

1. Ich werde heute früh schlafen gehen. *Futur* ....
2. Er wird Bankdirektor, meint der siebenjährige Sohn unserer Arzthelferin. ....
3. Die Bahn wird seit einer Woche bestreikt. ....
4. Wir werden unsere Produktion um 10 Prozent steigern. ....
5. Sie würde gerne einen neuen Standort etablieren. ....
6. In den letzten Jahren wurde traditionelle Handarbeit durch moderne Maschinen ersetzt. ....

2 Die Assistentin der Geschäftsführung schreibt eine E-Mail an zwei neue Mitarbeiter. Welche Form passt?

Liebe Frau Mast, lieber Herr Weiß,
wie Sie wissen, haben wir uns vergrößert und neue Büros erhalten. Diese sind noch nicht vollständig .... (1). Die Möbel sollen in den nächsten Tagen .... (2). Im letzten Jahr .... (3) wir mit dem Preis des Fachverbandes „Das gesunde Büro" ausgezeichnet worden. Das möchten wir natürlich auch in diesem Jahr mit unseren neuen Räumlichkeiten wiederholen. Leider mussten am Anfang vor allem die Computerprobleme .... (4). Frau Mast, für Ihr Büro .... (5) bereits der Bodenbelag ausgesucht. Alles im hellen Ton! Die Möbel .... (6) für beide Büros auf einmal geliefert und eingebaut. Ich werde Sie wieder informieren, wenn es Neuigkeiten gibt. Es wird bestimmt schön!
Herzliche Grüße
Tanja Wenns

	a.	b.	c.
1.	☐ ausgestattet worden	☐ ausstatten werden	☐ ausgestattet werden
2.	☐ bestellen	☐ bestellt werden	☐ bestellt worden
3.	☐ sind	☐ werden	☐ konnten
4	☐ lösen	☐ gelöst werden	☐ gelöst wurden
5.	☐ musste	☐ soll	☐ wurde
6.	☐ werden	☐ sind	☐ ist

3 Bilden Sie Sätze im Passiv.

1. früher – an einem festen Arbeitsplatz – arbeiten (Präteritum)

   ....

2. jetzt – viel von zu Hause aus – erledigen (Präsens)

   ....

3. zu Großraumbüros – die Einzelbüros – umbauen (Präteritum)

   ....

4. immer noch oft – Handwerker – suchen (Präsens)

   ....

5. Briefe – per Post – auch heute – schicken (Präsens)

   ....

Konjunktiv II

1 Herr Schröber und Frau Hernandez arbeiten gemeinsam im Büro. Lesen Sie das Gespräch und ergänzen Sie.

würden | wäre | müssten | könnte | wären | hätte (2x) | würde

Herr S.: „.............................. (1) Sie so lieb und .... (2) Sie die Tür zumachen?"

Frau H.: „Einen Moment bitte …"

Herr S.: „Ich .... (3) gern mit Brasilia telefonieren. Es ist gerade so laut im Flur."

Frau H.: „Ich glaube, das .... (4) jetzt unpraktisch."

Herr S.: „Wieso?"

Frau H.: „Ihre Geschäftspartner .... (5) auf Sie warten. Sie sind nämlich gerade angekommen."

Frau H. seufzt und denkt sich: „Ich .... (6) lieber ein Einzelbüro! Dann .... (7) ich meine Ruhe und .... (8) alles alleine machen."

2 Sie erhalten ein Schreiben vom Betriebsrat mit Empfehlungen für die Arbeit in Gemeinschaftsbüros. Ergänzen Sie sollen im Konjunktiv II.

Liebe Kolleginnen und Kollegen,

für die Arbeit im Gemeinschaftsbüro empfehlen wir Ihnen generell, Rücksicht aufeinander zu nehmen.

Folgende Tipps sorgen für ein gutes Miteinander:

- Wenn Ihre Kollegen gerade in ihre Arbeit vertieft sind, ... (1) Sie sie nicht einfach ansprechen.
- Telefonate .... (2) Sie so leise wie möglich führen.
- Einer der Kollegen im Büro .... (3) für die Zimmerpflanzen zuständig sein, am besten im wöchentlichen Wechsel.
- Jeder Kollege .... (4) genug Platz für sich haben.
- Sie .... (5) alle fragen, bevor Sie die Fenster zum Lüften öffnen.

3 Ihre Kollegen im Gemeinschaftsbüro halten sich nicht immer an die Empfehlungen. Schreiben Sie Bitten im Konjunktiv II.

1. können – bitte – telefonieren – leiser – Sie

   Könnten Sie …
2. Du – können – regelmäßig – gießen – die Blumen

   ....
3. können – das Fenster – Du – öffnen – bitte – fragen – bevor (Nebensatz!)

   ....
4. Sie – legen – Ihre Akten – können – auf meinen Schreibtisch – nicht

   ....

Nomen und Adjektive

1 Ergänzen Sie: bestimmter, unbestimmter oder Nullartikel.

Von: assia.haddoutti@hotel-markweg.de
An: s.wendt@revio-group.com

Sehr geehrte Frau Wendt,
vielen Dank für .... (1) nette Gespräch am 07.05.2015. Trotz .... (2) aktuellen Referentenwechsels freuen wir uns auf .... (3) spannende Veranstaltung „Der Trend .... (4) kommenden Jahres" am 18.06.2015. Hier noch einmal .... (5) aktualisierten Anlagen:

– .... (6) kleine Skizze .... (7) gebuchten Raumes
– .... (8) genaue Auflistung .... (9) zusätzlichen Kosten (Beamer, Stellwände, Lautsprecher, Mikrofon)
– .... (10) aktuellen Bewirtungskosten

Trotz .... (11) aktualisierten Teilnehmerzahl gibt es keine Erhöhung .... (12) vereinbarten Mietkosten. Für .... (13) weitere Fragen stehe ich Ihnen jederzeit zur Verfügung.
Mit freundlichen Grüßen
Assia Haddoutti

2a Bilden Sie aus den Verben Nomen.

1. Raum anfragen: Betreff:
2. sich bewerben: Betreff:
3. bestellen: Betreff:
4. liefern: Betreff:
5. reklamieren: Betreff:
6. sich beschweren: Betreff:
7. Möbel montieren: Betreff:
8. Honorar zahlen: Betreff:

b Bilden Sie aus den Verben Nomen und ergänzen Sie die Sätze.

anbieten | liefern | mahnen | sich bemühen | anlegen

1. Vielen Dank für Ihre ....
2. Die .... ist für Sie kostenlos.
3. In der .... finden Sie unsere Zahlungsbedingungen.
4. Bezugnehmend auf Ihr .... vom 13.05. bestellen wir folgende Artikel.
5. Trotz unserer .... ist die Lieferung bis heute nicht erfolgt.

3 **Setzen Sie die Indefinitpronomen ein und ergänzen Sie die richtige Endung.**

jede (2x) | alle (2x) | kein | manche

1. Mit .... Kollegen verstehe ich mich sofort.
2. .... festangestellte Mitarbeiter hat einen Urlaubsanspruch.
3. Heute werden wir mit .... Mitarbeitern eine Sicherheitsschulung durchführen.
4. .... Gerät wird vor dem Versand überprüft.
5. .... Mängel werden sofort behoben.
6. Im letzten Quartal haben wir .... ernsten Arbeitsunfall registriert.

4 **Ergänzen Sie die Adjektivendungen.**

1. Zu den angegeben......... Vermietungskosten kommt keine hoh......... Maklergebühr hinzu.
2. Wir suchen einen zuverlässig......... Mitarbeiter für unseren unbesetzt......... Empfang.
3. Die Arbeit in einem klein......... Team wird Ihnen bestimmt viel Spaß machen.
4. Wir können gut auf überflüssig......... Dinge verzichten, aber nicht auf kompetent......... Mitarbeiter.
5. Ihre nett......... Kollegen freuen sich schon auf Sie!
6. Großzügig......... Büro zur sofortig......... Übernahme bezugsbereit!

5 **Korrigieren Sie die fehlerhaften Komparativ- und Superlativformen.**

1. Mein Gehalt ist hier mehr hoch. ....
2. Die neuen Arbeitszeiten sind jetzt flexibeler. ....
3. Aber ich würde viel gerner im Zentrum arbeiten. ....
4. Mein Anreiseweg wäre am kurzsten. ....
5. Dort sind leider die Büromieten am hohesten. ....
6. Von meinem Büro aus kann ich am gutsten die Autobahn sehen. ....

6 **Ergänzen Sie als oder wie.**

An vielen Arbeitsplätzen gehören regelmäßige Überstunden zur Tagesordnung. Es sind viele Überstunden, aber nicht so viele, ... (1) die Mitarbeiter denken. Heutzutage haben die Mitarbeiter ein umfangreicheres Zustimmungsrecht .... (2) noch vor 20 Jahren. Mehr .... (3) zehn Stunden am Stück sind nicht erlaubt. Auch wenn es sich für viele Angestellte so anfühlt: Es werden nicht mehr Überstunden abgeleistet .... (4) in früheren Jahren. Die Statistiken zeigen: Es werden genauso viele Überstunden gemacht .... (5) noch vor fünf Jahren. Allerdings gibt es deutlich weniger bezahlte Überstunden .... (6) noch vor fünf Jahren. Außerdem muss man nur so arbeiten, ... (7) es im Vertrag geregelt ist. Wer dauerhaft länger arbeitet, ... (8) vertraglich vorgesehen ist, sollte mit dem Betriebsrat sprechen.

Grammatik

Präpositionen

1 Setzen Sie die richtige Präposition ein.

über (2x) | seit | bezüglich (2x) | auf (2x) | mit | neben | in

Unsere Fortbildung am 24.09.2015

Liebe Kolleginnen, liebe Kollegen,

.... (1) unserer letzten Personalversammlung haben wir .... (2) die Fortbildung gesprochen und Sie sind alle schriftlich informiert worden.
Da .... (3) der letzten Fortbildung mehr als ein Jahr vergangen ist, werden wir Sie .... (4) den nächsten zwei Wochen .... (5) Neuigkeiten oder Veränderungen .... (6) dem Laufenden halten. Wir können Ihnen heute schon sagen, dass es .... (7) Änderungen .... (8) der An- und Abreise auch Neuigkeiten .... (9) des Ablaufplans der Fortbildung gibt.

.... (10) freundlichen Grüßen
Die Geschäftsleitung

2 Setzen Sie die richtige Präposition ein.

wegen | aufgrund | infolge | zugunsten

Unsere Fortbildung

Liebe Kolleginnen, liebe Kollegen,

.... (1) des großen Interesses an der Fortbildung, für die es .... (2) der sehr positiven Rückmeldungen aus dem letzten Jahr viele Anmeldungen gab, werden wir auch in diesem Jahr für zehn Kolleginnen und Kollegen Plätze reservieren. .... (3) der hohen Anmeldezahlen können leider nicht alle Kolleginnen und Kollegen teilnehmen.
Wir bitten Sie herzlich zu überlegen, ob Sie nicht .... (4) der neuen Mitarbeiterinnen und Mitarbeiter für dieses Jahr verzichten könnten.
Wir werden Ihre Anmeldung dann im nächsten Jahr sicher bevorzugt berücksichtigen.

Mit freundlichen Grüßen
Die Geschäftsleitung

Verben mit Präpositionen

1a **Was passt zusammen? Verbinden Sie.**

1. berichten
2. denken
3. informieren
4. nachdenken
5. verzichten
6. warnen
7. sich kümmern

über — vor — an — auf — um

b **Ergänzen Sie die richtige Präposition.**

1. Die Geschäftsführung denkt .... die nächsten Schritte nach.
2. Wir kümmern uns sofort .... Ihren Auftrag.
3. Unsere Firma warnt .... Betrügern im Online-Banking.
4. Aus Kulanzgründen verzichten wir .... die Nachzahlung.
5. Wir informieren Sie .... unseren neuen Manager.
6. Denken Sie .... unseren Empfang am 18. Dezember?
7. Die Azubis berichten am Ende des Jahres .... ihre Zeit im Betrieb.

2 **Bilden Sie Sätze.**

1. der Mitarbeiter – sich wundern – über – der neue Qualitätsmanager

   ....

2. der Chef – gratulieren – zu – der überraschende Erfolg

   ....

3. er – danken – für – die Vorbereitung des Jubiläums

   ....

4. die Mitarbeiterin – reagieren – auf – der letzte Anruf

   ....

5. sie – sich entschuldigen – bei – die Kollegin

   ....

3 **Wie lauten die Präpositionaladverbien? Ergänzen Sie wie im Beispiel.**

1. Er gewöhnt sich schnell an die neuen Arbeitszeiten. *Woran? Daran.*
2. Sie hoffen auf die bessere Auftragslage. ....
3. Die Farbe passt zur Firmenphilosophie. ....
4. Er zweifelt an der neuen Strategie. ....
5. Die Kunden regen sich oft über die falschen Lieferungen auf. ....
6. Der Sicherheitsbeauftragte achtet auf das Einhalten der Vorschriften. ....

Grammatik

Nomen im Satz

1 Welche Ergänzung brauchen die Verben? Sortieren Sie.

anrufen | anbieten | beantworten | besichtigen | beraten | empfehlen | erläutern | gefallen | gehören | leihen | mailen | passen | treffen | überweisen | widersprechen

Akkusativergänzung	Dativergänzung	Akkusativ- + Dativ-Ergänzung

2 Was passt? Ergänzen Sie.

Kann ich .... (1) .... (2) Kaffee anbieten?

Morgen maile ich .... (3) Schneider .... (4) Angebot.

Unser Chef erläutert .... (5) morgen .... (6) Urlaubsregelung.

Die Inbusschlüssel gehören .... (7) Kunden und nicht .... (8) Firma.

Könnten Sie .... (9) in einer Vertragsangelegenheit beraten?

Da musste ich .... (10) Chef leider widersprechen.

1. a. Ihnen b. Ihren c. Sie
2. a. ein b. einen c. eins
3. a. Herr b. Herren c. Herrn
4. a. das b. den c. die
5. a. uns b. unseren c. wir
6. a. das neue b. den neuen c. die neue
7. a. dem b. der c. des
8. a. uns b. unserem c. unserer
9. a. ich b. mich c. mir
10. a. meinen b. meinem c. meiner

3 Bilden Sie Sätze.

1. Die Geschäftsführerin: ihre Mitarbeiter – der neue Dienstplan – bewilligt haben
   Die Geschäftsführerin hat ihren Mitarbeitern den neuen Dienstplan bewilligt.
2. Der Chef: seine Mitarbeiter – ein extra Urlaubstag – geschenkt haben
   ....
3. Der Mitarbeiter: der Kollege – der Schlüssel – sofort zurückgeben
   ....
4. Der Meister: der neue Fuhrpark – der Auszubildende – zeigen
   ....
5. Die Sekretärin: die Datei – die neue Kollegin – erklären
   ....
6. Der Vorgesetzte: hat – der neue Kollege – ein Fehler – bewiesen haben
   ....

Satzverknüpfungen: Hauptsatz + Hauptsatz

1 Welcher Konnektor passt? Kreuzen Sie an.

1. Büroarbeit macht oft Rückenprobleme, ... der Arbeitnehmer sitzt viel.

   a. ☐ denn b. ☐ aber c. ☐ und

2. Man kann auf Anordnung des Betriebsarztes einen verstellbaren Tisch bekommen, ... man darf nicht weiterarbeiten.

   a. ☐ und b. ☐ oder c. ☐ sondern

3. Die Sachbearbeiter sitzen nicht nur am Computer, ... sie treffen auch Mitarbeiter in der Produktionshalle.

   a. ☐ und b. ☐ sondern c. ☐ oder

4. Meine Kollegin kann nicht lange sitzen, ... sie kann auch gut im Stehen arbeiten.

   a. ☐ und b. ☐ sondern c. ☐ aber

2 Bringen Sie den zweiten Teil des Satzes in die richtige Reihenfolge.

1. Die Fortbildung war sehr interessant, geknüpft neue und ich viele habe Kontakte.

   Die Fortbildung war sehr interessant, und ich habe viele neue Kontakte geknüpft.

2. Der Seminarleiter hat viele Praxisbeispiele erwähnt, wollte ich hören noch aber mehr.

   ....

3. Meine Kollegin war unzufrieden, unbequeme hatten wir denn Stühle.

   ....

4. Ich suche nicht nur nach einem neuen Thema, auch sondern dem Kursort nach.

   ....

3 Verbinden Sie die Sätze mit dem passenden Konnektor.

aber | denn | und | sondern

1. Er schickt die Anlagen ab. Er hat sie vergessen.

   Er schickt die Anlagen ab, denn er hat sie vergessen.

2. Ich schreibe noch diesen Bericht zu Ende. Ich schicke ihn sofort ab.

   ....

3. Ich habe meine Ausbildung als Büroaushilfe gemacht. Ich habe nie in meinem Job gearbeitet.

   ....

4. Die Firma stellt keine Heizkörper her. Sie produziert Heizrohre.

   ....

Satzverknüpfungen: Hauptsatz + Nebensatz

1 Welcher Konnektor passt? Ergänzen Sie solange, während, seit(dem), bis.

1. .... sie eine Ausbildung zur Altenpflegerin gemacht hat, hat ihre Familie sie finanziell unterstützt.
2. .... der Chef von der Dienstreise zurückkommt, müssen die Akten geordnet sein.
3. .... er eine Fortbildung macht, übernehmen seine Kolleginnen und Kollegen einige seiner Aufgaben.
4. .... sie die Angehörigen über die neue Physiotherapie informiert, sortiert ihre Kollegin die Medikamente.
5. .... die Fortbildungen vom Arbeitgeber bezahlt werden, nehmen viele Kolleginnen und Kollegen daran teil.
6. .... die Pflegedienstleitung an dem Dienstplan für die kommende Woche arbeitet, teilt die Altenpflegerin das Mittagessen aus.
7. .... sie ein neues Medikament bekommen hat, geht es der Patientin gesundheitlich besser.
8. .... der Dienstplan geändert wird, müssen wir noch Überstunden machen.

2 Verbinden Sie folgende Sätze mit wenn oder als.

1. Sie kam zu spät zur Arbeit. Sie erhielt eine Abmahnung.
   Als sie wieder einmal zu spät zur Arbeit kam, erhielt sie eine Abmahnung.
2. Sie kommt abends um 18.00 Uhr nach Hause. Sie hört ihren Anrufbeantworter ab.
   Wenn ....
3. Sie kam um 18.00 Uhr nach Hause. Sie hörte ihren Anrufbeantworter ab.
   ....
4. Sie kam aus der Mittagspause. Sie hatte einen Termin mit ihrer Chefin.
   ....
5. Ihre Mittagspause ist beendet. Sie hat einen Termin mit ihrer Chefin.
   ....

3 Was passt zusammen? Verbinden Sie.

1. Obwohl Sie mit den Kollegen essen gehen möchte,	a. ist sie pünktlich zur Arbeit gekommen.
2. Obwohl er viel Arbeit hat,	b. kommt sie ohne Attest zur Arbeit.
3. Obwohl er noch keinen Feierabend hatte,	c. hilft er dem neuen Kollegen.
4. Obwohl sie eine Woche krank war,	d. arbeitet sie heute auch in der Mittagspause.
5. Obwohl auf der Autobahn ein Stau war,	e. ist er gestern früher nach Hause gegangen.

4 **Infinitiv mit zu. Bilden Sie Sätze.**

1. Ich habe keine Lust, ... (einen neuen Job anfangen)
2. Ich bitte Sie, ... (mir die aktuelle Preisliste zumailen)
3. Es ist nicht erlaubt, ... (die Kundendaten kopieren)
4. Sie hat vergessen, ... (den Computer ausschalten)
5. Versuchen Sie, ... (das Programm noch einmal starten)
6. Es ist verboten, ... (die privaten E-Mail-Adressen weitergeben)
7. Ich habe Angst, ... (einen Virus mit der Datei installieren)

5 **Entscheiden Sie: Infinitiv mit zu oder Nebensatz mit dass? Ergänzen Sie.**

1. Es wichtig, ... sich beraten .... lassen.
2. Es ist notwendig, ... den Markt genau .... analysieren.
3. Der Chef hofft, ... die Firma schnell .... wächst.
4. Sie haben sich entschieden, ... die Filiale bald .... eröffnen.
5. Er freut sich, ... die Firma schwarze Zahlen .... schreibt.

6 **Das Mitarbeitergespräch. Bilden Sie Nebensätze mit dass.**

1. Die Chefin: Ich möchte die letzten Entwicklungszahlen kennen.
   Sie sagt, *dass sie* ....
2. Der Mitarbeiter: Die Entwicklung ist positiv verlaufen.
   Er meint, ...
3. Die Chefin: Die Jahresbilanz fällt positiv aus.
   Sie stellt fest, ...
4. Der Mitarbeiter: Es gibt aber auch unzufriedene Kunden.
   Er erwähnt, ...
5. Die Chefin: Der Mitarbeiter hat recht.
   Sie denkt, ...
6. Der Mitarbeiter: Sie sollte mehr Personal einstellen.
   Er weiß, dass ....
7. Die Chefin: Das Problem sind die Finanzen.
   Sie spricht an, ...
8. Die Chefin: Ein weiteres Gespräch ist notwendig.
   Sie sagt, ...

Indirekte Fragesätze

1 Fragen an die Personalabteilung. Bilden Sie indirekte Fragesätze.

1. Mich würde interessieren: Wo findet die Fortbildung statt?
   Mich würde interessieren, wo die Fortbildung stattfindet.
2. Können Sie mir sagen: Muss ich die Anreise selber bezahlen?
   ....
3. Ich wüsste gern: Bis wann kann ich den Dienstreiseantrag stellen?
   ....
4. Wissen Sie vielleicht: Darf ich meinen eigenen Computer mitbringen?
   ....
5. Außerdem möchte ich noch wissen: Gibt es eine Teilnahmebescheinigung?
   ....

2 Vor dem Meeting. Bilden Sie indirekte Fragesätze.

1. werden – wie viele Mitarbeiter – kommen
   Ich wüsste gern, wie viele Mitarbeiter kommen werden.
2. sollen – ich – Erfrischungsgetränke – bestellen
   Könnten Sie mir bitte mitteilen, ...
3. stehen – der Besprechungsraum – zur Verfügung
   Wissen Sie vielleicht, ...
4. genau – enden – das Meeting – wann
   Ich möchte gerne wissen, ...
5. das Protokoll – wer – schreiben
   Können Sie mir sagen, ...

Relativsätze

1 Ergänzen Sie das Relativpronomen.

dem | die (3x) | dessen | denen | der (2x) | deren (2x)

Von: info@personalrat-gbf.com
An: <verborgene Empfänger>

Liebe Kolleginnen und Kollegen,
es steht überall in der Presse: Die Gewerkschaft fordert für die Beschäftigten im kommunalen Sozial- und Erziehungsdienst eine höhere Eingruppierung, ... (1) zu Einkommensverbesserungen von durchschnittlich zehn Prozent führen würde. Indirekt profitieren von einem Tarifergebnis mit den kommunalen Arbeitgebern auch Beschäftigte im Sozial- und Erziehungsdienst, ... (2) bei freien und kirchlichen Trägern tätig sind. „Mit Jemandem, ... (3) nicht handeln will, kann man leider keine Konflikte lösen", so die Gewerkschaftsvertreter. Wir verstehen die Kita-Mitarbeiter, ... (4) Problem die schlechte Bezahlung ist. Unsere Firma hat zurzeit sehr viele Aufträge, mit .... (5) wir viel zu tun haben. Wir können auf niemanden verzichten, ... (6) keine Kinderbetreuung hat. Deshalb möchten wir Ihnen eine Lösung präsentieren, über .... (7) wir nachgedacht haben. Der Betriebsrat, ... (8) Aufgabe es ist, den Mitarbeitern zu helfen, hat eine Möglichkeit gefunden. Die Mitarbeiter, ... (9) Kinder nicht betreut werden können, können ihre Kinder zur Arbeit mitbringen. Wir haben einen Raum eingerichtet, in .... (10) Ihre Kinder betreut werden.

Mit freundlichen Grüßen
Ihr Personalrat

2 Druckerprobleme. Schreiben Sie Relativsätze.

1. Der Drucker wurde letzte Woche installiert. Er ist wieder kaputt.
   Der Drucker, der ....
2. Die technische Hotline hat die Fehlermeldung aufgenommen. Sie hat noch nicht zurückgerufen.
   ....
3. Letzte Woche waren zwei Techniker da. Wir hatten ihnen das Gerät gezeigt.
   ....
4. Bald kommt ein Techniker. Wir kennen ihn schon.
   ....
5. Er kommt mit einem Auszubildenden. Seine Aufgaben kennen wir schon.
   ....
6. Der einzige Fehler war das defekte Kabel. Damit hatte er nicht gerechnet.
   ....

Grammatik

Feste Wendungen

1 Was passt? Kreuzen Sie an.

1. zur Verfügung	☐ sehen	☐ sein	☐ stehen
2. eine Frage	☐ nennen	☐ stellen	☐ suchen
3. einen Auftrag	☐ erteilen	☐ beeilen	☐ rechnen
4. eine Entscheidung	☐ entscheiden	☐ treffen	☐ finden
5. Überstunden	☐ abfeiern	☐ feiern	☐ amüsieren
6. eine Lieferung	☐ beanstanden	☐ beliefern	☐ liefern
7. Interesse	☐ wecken	☐ senden	☐ rufen
8. Verantwortung	☐ nehmen	☐ entscheiden	☐ übernehmen

2a Welche Adverbien haben eine ähnliche Bedeutung? Verbinden Sie.

1. umgehend	a. extra
2. bereits	b. postwendend
3. gegenstandslos	c. nicht (mehr) gültig
4. leider	d. schon
5. zusätzlich	e. schade

b Welche Adverbien aus 2a passen? Manchmal gibt es auch zwei Möglichkeiten.

1. Teilen Sie uns .... mit, wann die Ware geliefert werden kann.
2. Sollten Sie den Betrag .... überwiesen haben, so betrachten Sie dieses Schreiben als ....
3. Für die Nachbestellung entstehen .... Kosten für den Versand.
4. Unsere Rechnung ist .... zahlbar.
5. Die bestellten Artikel sind .... immer noch nicht geliefert worden.

3 Welches Wort passt? Kreuzen Sie an.

1. Bei der Auszahlung des Honorars stellte ich einen fehlerhaften .... fest.
   a. ☐ Vertrag b. ☐ Beitrag c. ☐ Betrag
2. Für eine schnelle Lösung des Problems bedanke ich mich ....
   a. ☐ im Voraus b. ☐ voraussichtlich c. ☐ vorausblickend
3. Sehr geehrte Bewohnerinnen, ... weisen wir auf folgendes Problem hin.
   a. ☐ aus gegebenem Anlass b. ☐ aus gegebenem Grund c. ☐ mit gegebenem Grund
4. Bitte bestätigen Sie mir die Kündigung meines Handyvertrages zum ....
   a. ☐ nächsten Datum b. ☐ nächstmöglichen Termin c. ☐ Posteingang

4 Welcher Satz ist richtig? Kreuzen Sie an.

1. a. ☐ Ich bitte um Verständnis, dass ich nicht teilnehmen werde.
   b. ☐ Ich bitte um Erlaubnis, dass ich nicht teilnehmen werde.
2. a. ☐ Bitte liefern Sie uns so schnell wie möglich, auf jeden Fall bis spätestens morgen, Folgendes.
   b. ☐ Bitte liefern Sie uns so schnell wie möglich, auf jeden Fall bis frühestens morgen, Folgendes.
3. a. ☐ Alkohol ist während der Arbeitszeit untersagt.
   b. ☐ Alkohol ist während der Arbeitszeit versagt.

Lösungen

Kommentierter Modelltest

Leseverstehen

Teil 1, So geht's
1a 5
b 10

Teil 2, So geht's
1a 5
b 3 (a, b, c)

Teil 3, So geht's
1a 10
b 12 (a – l)

Sprachbausteine

Teil 1, So geht's
1a 10
b 3 (a, b und c)

Teil 2, So geht's
1a 10
b 15

Hörverstehen

Teil 1, So geht's
1a 5
b 2
c einmal

Teil 2: So geht's
1a 10
b ja, 1 min
c zweimal

Teil 3: So geht's
1a 5
b nein
c zweimal

Schriftlicher Ausdruck

So geht's
1a Sie
b 4
2 Sie möchten die Druckergeräte kaufen.
3 Sehr geehrte Damen und Herren, …
4 (1) erläutern Sie die Situation; (2) Preise, Gerätetypen und Liefertermin; (3) Möglichkeiten der Vernetzung; (4) Mitnahme der alten Geräte
5 **mögliche Einleitung:** Sehr geehrte Damen und Herren, im lokalen Teil der Wochenzeitung „Bergischer Lotse" vom 14. März habe ich Ihre Anzeige gelesen. In unserer Firma bin ich für die Büroausstattung zuständig. Die Drucker, die wir jetzt benutzen, haben wir vor acht Jahren gekauft. Sie sind weder modern noch schnell. Darüber hinaus arbeiten nicht alle Mitarbeiter auf einer Etage. Das Firmengebäude ist eine ehemalige Kaserne.
6 Preise, Gerätetypen und Liefertermin; erläutern Sie die Situation; Mitnahme alter Geräte; Möglichkeiten der Vernetzung
7 Ich freue mich sehr auf Ihr Angebot etc.

Mündlicher Ausdruck

Teil 1, So geht's
1a Sie führen ein gemeinsames Gespräch mit Ihrem Gesprächspartner.
b Es hängt vom Gesprächsverlauf ab, welche Themen vorkommen.

Teil 2, So geht's
1a Sie nennen das Thema und fassen den Text zusammen.
b Sie findet es wichtig, ihre Freundin im Geschäft zu unterstützen.

Teil 3, So geht's
1a Sie sind für die Organisation einer Veranstaltung für die Auszubildenden zuständig.
b Es handelt sich um ein Rollenspiel.
c **Treffpunkt für alle?** ab 10:00 Uhr
Programm organisieren? Überraschungsprogramm, Kinderbetreuung, Spielenachmittag, Präsentation des Unternehmens, Kabarett „Als die Autos…", Orientierungshilfen aufstellen, einen Moderator anfragen, Pressemitteilungen schreiben, Fotos auf die Homepage stellen, Plakate aufhängen
Gemeinsames Frühstück? Wann? Kleinigkeiten zum Essen, Sektempfang, belegte Brötchen, Säfte, Obst bestellen, Catering auswählen
Welche Mitarbeiter können helfen? Verwaltungsmitarbeiter, Meister und Werkstattmitarbeiter, Verkäufer

Fertigkeitentraining

Lesen

1a 1c, 2a, 3b
b 1. eine Stellenanzeige, 2. falsch, 3. eine Gebrauchsanweisung, 4c
c 1. Globalverstehen, 2. Selektives Verstehen, 3. Globalverstehen, 4. Detailverstehen
2a 1b, 2c
b 1. Ihre Bewerbung, 2. Bitte, 3. Angebot, 4. Mahnung
3a 1. F. Kowac, (Office Management, Thurm & Kröger Wirtschaftsprüfer), 2. 2,67 €, 3. 100, 4. nein, Stammkunde, 5. innerhalb von 72 Stunden, 6. nein, die Preise sind Nettopreise (zzgl. USt.=zuzüglich Umsatzsteuer)

Lösungen

b 1. innerhalb von 24 Stunden, 2. Ahmad Ahmadini, Kundenbetreuung, 3. aus Firmenauflösungen, 4. nein, Lieferung gegen Aufpreis möglich, 5. Mo. bis Sa., 6. ca. 2 Stunden, 7. körperlich fit, zuverlässig, gute Deutschkenntnisse, 8. Staplerführerschein, 9. 100 Stück, 10. auf Bleistiften, kleinen Notizzetteln oder Süßwaren, 11. nein, niedrige Versandkosten

4b Falsch

c 1. Ich bin damit einverstanden ..., 2. Das sollte nicht passieren, 3. zuschicken, 4. vergangenen, 5. Anschrift, 6. annehmen, 7. Nachricht, 8. erwerben, 9. Wir bedauern es sehr, 10. Bitte teilen Sie mir mit ...

d 1. + Ich bin damit einverstanden, dass Sie mir als Entschädigung einen Warengutschein in Höhe von 50,00 Euro zuschicken. 2. - Meine Anschrift haben Sie ja. 3. - Leider sind in der vergangenen Woche durch Streiks bei der Post zahlreiche Sendungen liegengeblieben. 4. + zahlreiche Sendungen sind liegengeblieben, 5. - vor zwei Wochen, 6. - mit einer Woche Verspätung, 7. + Wegen der Verspätung musste ich bei einem anderen Händler schon mal die wichtigsten Dinge erwerben. 8. - ich bin ja schon lange Kundin bei Ihnen

Hören

1a 1a und b, 2b, 3b und c, 4c, 5b

b 1. Ehrlich gesagt bin ich lieber im Großraumbüro. 2. Ich habe da mehr gelernt als in meiner ganzen Schulzeit. 3. Ich habe das sehr gemocht und würde auch gerne wieder in dem Beruf arbeiten. 4. Praktika sind also gar nicht blöd. 5. Richtiger Koch möchte ich aber auch nicht sein.

c 1. +, 2. +, 3. +, 4. –, 5. –

2 1b, 2c, 3a

3a 1. ein Verkaufsgespräch, 2. der Chef mit einem Mitarbeiter, 3. zwei Arbeitskollegen miteinander, 4. Teambesprechung

b 1. +, 2. +, 3. –, 4. +, 5. –

4a 1. Montag, 16 Uhr; 2. 100 Kaffeetassen und Unterteller Serie „Gloria", 3. Müller von Geschirr24, 4. Mappe mit Rechnungen, 5. Rechnungskopie, 6. Mittwoch ab 9 Uhr

c 1 –, 2 –, 3 +, 4 –, 5 –

5a 1 –, 2 +

b 1. Ich stelle den Koffer mit Tapeten- und Stoffmustern hier ab, 2. Ich hatte heute schon genug Kaffee.

d 3 +, 4 –, 5 –, 6 –, 7 +

e 3. Unser früherer Außendienstler ... ist ja jetzt im Ruhestand. 4. Unser Unternehmen ... feiert ... 25-jähriges Firmenjubiläum. 5. In dieser Saison sind doch eher gedeckte Farben im Trend. 6. ... wenn wir spätestens im übernächsten Quartal die Waren ... bestellen könnten. 7. Ich habe natürlich auch noch weitere Stoffproben im Wagen.

Schreiben

1a 1. in einem Sonnenstudio, 2. ein Angebot für die Renovierung einholen, 3. an die Firma „Kullmann & Söhne – Renovierungen und Sanierungen"

b Wann können die Arbeiten ausgeführt werden? Was soll Kullmann & Söhne bei Ihnen machen? Wie teuer sind die Arbeiten der Firma?

c **Wichtige Informationen:** kleine Wohnung oder großer Bürokomplex – alles möglich; **Dienstleistungen der Firma?** Tapezieren und Malerarbeiten, Verlegen neuer Böden, Neugestaltung von Räumen; **Zeitraum für Arbeiten?** Noch Termine frei im kommenden Monat!; **Preise?** Rabatte für Großkunden ab 1000 qm

d **Beschreiben Sie Ihren Betrieb:** Ich arbeite in einem Sonnenstudio, das vier Räume hat und ca. 90 qm groß ist. Das Studio ist im Erdgeschoss und vor acht Jahren zum letzten Mal renoviert worden. **Welche Dienstleistungen wünschen Sie?** Die Böden in unserem Sonnenstudio sollen erneuert werden, außerdem ist das WC sehr alt und wir möchten ein neues einbauen lassen. Eventuell brauchen wir auch neue Lampen im Eingangsbereich. **Termin?** Es wäre gut, wenn Sie die Arbeiten innerhalb der nächsten sechs Wochen ausführen könnten. Ist das möglich? **Preise?** Bitte teilen Sie uns mit, wie teuer die gewünschten Arbeiten sind.

2a **Anrede formell:** Sehr geehrte Damen und Herren, **informell:** Hallo ..., **Text formell:** Für Rückfragen stehe ich gerne zur Verfügung; Ich beziehe mich auf Ihre Anzeige in der Tageszeitung; Wir bitten um eine schriftliche Bestätigung, Wir danken Ihnen herzlich im Voraus; Vielen Dank für Ihre Nachricht; **informell:** Bitte gib mir kurz Bescheid; Danke dir schon mal; Danke für deine Mail; Ich schreibe dir wegen der Notiz, die du auf meinem Schreibtisch gelassen hast; Wenn du noch etwas wissen willst, melde dich einfach; **Gruß formell:** Beste Grüße; Mit freundlichen Grüßen; **informell:** Viele Grüße

b 1. per Sie, 2. oft, 3. Sehr geehrte Damen und Herren

3a 1. Vielen Dank für Ihre Nachricht. ... Für Rückfragen stehe ich gerne zur Verfügung.
2. Ich beziehe mich auf Ihre Anzeige in der Tageszeitung. ... Wir danken Ihnen herzlich im Voraus!

4a Für Rückfragen stehe ich gerne zur Verfügung. Mit freundlichen Grüßen

b **Beschreiben Sie Ihren Betrieb:** ja; 4 Räume, ca. 70 m^2; **Welche Dienstleistungen wünschen Sie?** ja; neue Böden und neue Tapeten in allen Räumen; **Termin?** nein; **Preise?** ja, ... wie teuer?

Sprechen

1a 3., 4., 8.
2c Foto 1 ja, Foto 2 nein
d 1., 4., 5.
g 3., 4., 5
h 1., 3., 5.
4 **nach der Meinung fragen:** ... oder was denkst du? Bist du damit einverstanden? Findest du das gut / okay? Wie findest du das? **Vorschläge machen:** Ich denke, wir sollten ... Ich habe eine Idee: ... Wir könnten zuerst ... Außerdem sollten wir ... **Zustimmen:** Das klingt wirklich gut. Der Vorschlag gefällt mir sehr gut. Ja, das ist eine gute Idee. **Widersprechen:** Ich finde das nicht so gut. Ich glaube, dass das nicht klappt. **Alternativen vorschlagen:** Ich habe eine bessere Idee: ... Meiner Meinung nach wäre ... aber besser. Wir sollten stattdessen lieber ...
5a 1 nein, 2 ja, 3 nein
b Oh, Entschuldigung. Kannst du die Frage wiederholen? Ich weiß nicht, was das ist. Kannst du mir das erklären? Entschuldigen, aber das habe ich noch nie gehört. Was bedeutet das?
d 3., 4., 5., 6., 8., 10., 12.
e 1. gutbürgerlich, 2. mit dem Taxi

Wortschatz

Branchen und Berufe

1a der Pflegeberuf, die Pflegeeinrichtung, das Pflegebett, die Pflegekasse, die Pflegekraft, der Pflegehelfer, die Pflegehelferin, die Pflegeplanung, der Pflegebericht, die Pflegestufe, die Pflegedokumentation, das Pflegeproblem, die Pflegemaßnahme, der Pflegeschüler, die Pflegeschülerin
b 1. haben, 2. ausgebildet, 3. tätig, 4. erstellt, 5. abgesprochen, 6. finde, 7. messen, 8. eingenommen
2 das Zimmermädchen, das Hotelzimmer, das Bettlaken, der Kleiderbügel, der Kleiderschrank, das Kopfkissen, der Papierkorb, der Nachttisch, die Bettdecke, der Teppichboden, der Wasserhahn,
3 1. angestellt, 2. gewechselt, 3. prüfen, 4. austauschen, 5. tätig, 6. schreiben
4 1. Supermarkt, 2. Produkte, 3. Umgang, 4. Sonderangebote, 5. Monat
5a, b; ~~Zitrone~~, Gemüse; ~~Kaffee~~, kalte Getränke / Kaltgetränke; ~~Gurke~~, Gewürze; ~~Fisch~~, Fleisch; ~~Öl~~, Milchprodukte; ~~Reis~~, Backwaren

Die Bewerbungsunterlagen

1 Bewerbungsfoto, Lebenslauf, Anschreiben, Arbeitszeugnisse, Abschlusszeugnisse, Schulzeugnisse, Teilnahmebescheinigungen zu Fortbildungen,
2a, b 1. Persönliche Daten: Name: Karina Wolnjaka, Geburtsdatum: 28.7.1980, 2. Schulbildung: 1986 bis 1990 Besuch der Grundschule in Bratislava, 1996 Abschluss der Schule, 3. Berufsausbildung: 1996 Beginn der Ausbildung als Frisörin, 4. Berufserfahrung: 2006 bis 2008 Beschäftigung als Aushilfe in einem Salon, seit 2008 Festanstellung in einem Salon, 5. Fortbildungen: 1998 Fortbildung als Kosmetikerin, Teilnahme an Deutschkursen, 6. Sonstige Qualifikationen: Führerschein Klasse A
3 1. Interesse, 2. qualifizierte, 3. Stelle, 4. Berufserfahrung, 5. Neuerungen, 6. Qualifikationen, 7. Umgang, 8. Teilzeitkraft, 9. Niveau, 10. persönlichen, 11. Arbeitszeugnisse

Das Vorstellungsgespräch

1 zeitlich flexibel, gut im Organisieren, talentiert im Verkauf, berufserfahren, teamfähig
2 Ich könnte auch in eine andere Stadt umziehen. Ich bin als Verkäuferin sehr erfahren. Ich hätte gerne einen Arbeitsplatz mit mehr Verantwortung. Ich bin bereit, auch am Wochenende zu arbeiten. Ich kann meine Unterlagen gerne zur Verfügung stellen.
3 1. abgeschlossen, 2. umziehen, 3. übernehmen, 4. vorstellen, 5. einstellen, 6. angeboten
4 1. was kann ich für Sie tun, 2. mein Name ist, 3. schön, dass Sie anrufen, 4. einige Fragen stellen, 5. sehr gern, 6. meine Ausbildung abgeschlossen, 7. Danke, 8. das kenne ich, 9. persönlich kennenlernen, 10. ich komme gerne zu dem Termin, 11. auch alle Papiere dabei, 12. das wünsche ich Ihnen auch

Die Berufsausbildung

1 1. umgehen kann, 2. interessiert bin, 3. passt, 4. hat, 5. einbringen kann, 6. geschickt bin
2 1. die Ausbildung, die Lehre; 2. der / die Auszubildende / Azubi, der / die Berufsschüler / in, der Lehrling; 3. die Berufsschule, der Betrieb; 4. der Ausbilder, der / die Meister / in; 5. die Gesellenprüfung, die Abschlussprüfung, der Gesellenbrief, der Berufsabschluss
3 1. Gesellenprüfung, 2. Berufsschule, 3. Ausbilder, 4. Auszubildende, 5. Ausbildung, 6. Abschlussprüfung, 7. Geselle, 8. Berufsschüler / innen, 9. Gesellenbrief, 10. bilden ... aus

Teamarbeit

1b 1. kollegial / respektvoll / hilfsbereit, 2. hilfsbereit / respektvoll / kollegial, 3. respektvoller / kollegialer / hilfsbereiter, 4. teamorientiert / kollegial, 5. chancenlos, 6. problematische / konfliktreiche, 7. hierarchischer / einzelkämpferischer, 8. problematischen / konfliktrei-

Lösungen

chen, 9. hierarchischen, problematisch 10. unkollegial / respektlos

2 1b, 2a, 3a, 4b, 5a

Im Betrieb

1a, b 1. Krankmeldung, 2. Einweisung, 3. Bestellung, 4. Lieferung, 5. Anleitung, 6. Besprechung, 7. Planung, 8. Veranstaltung, 9. Beratung, 10. Fortbildung

2 1. Reklamation, 2. Beschwerde, 3. Konferenzraum, 4. Raumvergabe, 5. Terminabsprachen, 6. Messestand

3a 1e, 2d, 3c, 4b, 5a

b 1. Versand, 2. Entwicklung, 3. IT-Abteilung, 4. Marketing, 5. Einkauf

4a 1. telefonieren, 2. organisieren, 3. verschieben, 4. leiten, 5. verwalten, 6. nachfragen

b z.B. an einer Schulung / Fortbildung teilnehmen, den Vertrieb leiten, in der Logistik-Branche arbeiten, den Konkurrenten treffen, überzeugen, besuchen, einladen, bewirten; Zeit verschieben, verbringen, abrechnen; die Ersatzteile bezahlen; eine Dienstreise organisieren, verschieben, abrechnen; neue Kunden treffen, überzeugen, anrufen, besuchen, einladen, bewirten; Verluste abrechnen, abschreiben

Die Büroausstattung

1a 1. der Aktenschrank, 2. das Regal, 3. der Drehstuhl, 4. der Computer, 5. der Schreibtisch, 6. der Rollcontainer

b 1. Pinnwand, 2. Konferenztisch, 3. Papierkorb, 4. Schreibtischlampe

2a die Büroklammern (Pl), der Ablagekorb, der Jahresplaner, der Klebestift, der Aktenordner, der Kugelschreiber, der Schnellhefter

b 1. die Büroklammern, 2. der Ablagekorb, 3. der Jahresplaner, 4. der Klebestift, 5. der Aktenordner, 6. der Kugelschreiber, 7. der Schnellhefter

c Hier sind verschiedene Lösungen möglich, z.B.: **auf den Schreibtisch:** der Ablagekorb, der Jahresplaner, der Kugelschreiber; **in den Aktenschrank:** der Aktenordner; **in die Schublade:** die Büroklammern, der Klebestift, der Schnellhefter

3 1. modernen, 2. effizient, 3. entworfene, 4. funktionalen; 5. neue, 6. erfrischenden, 7. lebensfreudiges., 8. ausgewogenen, 9. zunehmendem, 10. ausdrucksstarke, 11. zeitlos, 12. hohen, 13. rasant, 14. repräsentative, 15. optischer, 16. hervorragender

Kommunikation am Arbeitsplatz

1c 1. verspreche, 2. über ... sprechen, 3. ausgesprochen, 4. angesprochen, 5. Mit ... spreche, 6. besprechen

2 1. Terminbestätigung, 2. Terminanfrage, 3. Terminabstimmung, 4. Terminabsage, 5. Terminverschiebung

3a 1e, 2g, 3a, 4b, 5f, 6c, 7d

b 1. Anfrage, 2. Angebot, 3. Auftrag / Bestellung, 4. Auftragsbestätigung, 5. Reklamation, 6. Beschwerde, 7. Zahlungserinnerung / Mahnung

Informationstechnik

1a, b das Internet – sich einloggen / anmelden, recherchieren, googeln; das Intranet – herunterladen, sich einloggen / anmelden, recherchieren, googeln; das Smartphone – laut / stumm stellen, vibrieren, recherchieren, googeln; der Drucker, das Tablet – recherchieren, googeln; der Laptop – recherchieren, googeln; der Computer – einschalten, hochfahren; der Kopierer – vervielfältigen; das Fax – abschicken; das Telefon – anrufen, laut / stumm stellen, vibrieren; der Beamer – präsentieren

2a 1. –, 2. +, 3. –, 4. +, 5. +

b 1b, 2c, 3e, 4a, 5d

c 1. ~~arbeiten~~, 2. ~~senden~~, 3. ~~beladen~~, 4. ~~ausmachen~~

3 1. die Bestellung vom Kunden aufnehmen, 2. das Programm mit den Kundendaten aufrufen, 3. den Kundennamen eingeben, 4. die Kundendaten abfragen / kontrollieren, 5. die gewünschte Menge in der Lieferung ankreuzen, 6. den Auftrag im Computer unter den Kundendaten speichern, 7. dem Kunden eine Bestätigung per Mail schicken

Sicherheit am Arbeitsplatz

1a der Schutzhelm, die Schutzbrille, der Ohrenschutz, die Schutzhandschuhe, der Atemschutz / die Schutzmaske

b tragen: Schutzhelm, Schutzbrille, Ohrenschutz, Schutzhandschuhe, Atemschutz / Schutzmaske
aufsetzen: Schutzhelm, Schutzbrille, Ohrenschutz, Atemschutz / Schutzmaske
anziehen: Schutzhandschuhe, Sicherheitsweste, Schutzanzug

2 1. Arbeitssicherheit, 2. Sicherheitsschuhe, Schutzbrille, Helm, Atemschutz, 3. aus Stahl, 4. wegen der Stabilität, 5. müssen fachgerecht montiert und gesichert werden, 6. Flüssigkeiten

3 1. abgerundete, 2. standfest, 3. kippsicher, 4. unbeschädigt, 5. strahlungsarm, 6. hoch

Geschäftsessen & Co.

1 1. Geschäftsessen, 2. Bewirtungsbeleg, 3. Mitarbeiterbewirtung, 4. Mittagstisch

2a 1. Firmenjubiläum, 2. Meeting, 3. Betriebsbesichtigung / Werbeveranstaltung, 4. Verabschiedung

b 1. Betriebsferien, 2. Erholungsurlaub, 3. Firmenjubiläum, 4. Konferenz

3 1b, 2a, 3b, 4a

Grammatik

Verben in Gegenwart und Vergangenheit

1 1. kann, 2. soll / muss, 3. soll, 4. will / möchte, 5. darf, 6. will / möchte

2 1. berät, 2. bestellt, 3. ruft … an, 4. findet … statt, 5. rufen … zurück, 6. empfiehlt

3 1. begann, 2. legte, 3. gründete, 4. entwickelte, 5. lieferte, 6. gehörten, 7. unterhielten, 8. wuchs, 9. brachten, 10. zog … zurück, 11. traf

4 gearbeitet – arbeiten, geholfen – helfen, vertreten – vertreten, gegangen – gehen, entschuldigt – entschuldigen, gekommen – kommen, verkauft – verkaufen, gespeichert – speichern, kontrolliert – kontrollieren, gefreut – freuen, gestempelt – stempeln, entwertet – entwerten, verteilt – verteilen, eingescannt – einscannen

5 1. Die Geschäftsführerin **ist** gestern spät aus Duisburg **gekommen**. 2. Sie **hat** dort die neuen Räumlichkeiten **besichtigt**. 3. Sie **hat** gemeinsam mit dem Vertreter den neuen Standort **angeschaut**. 4. Sie **haben** alle Räume genau **gemessen**. 5. Die Geschäftsführerin **hat** die richtige Entscheidung **getroffen**. 6. Beide **sind** spät am Abend nach Bonn **zurückgefahren**.

6 1. umgezogen war, 2. geschickt hatte, 3. korrigiert hatten, 4. angereist waren, 5. gesehen hatten, 6. gehalten hatte

Passiv

1 1. Futur, 2. Futur, 3. Passiv, 4. Futur, 5. Konjunktiv, 6. Passiv

2 1a, 2b, 3a, 4b, 5c, 6a

3 1. Früher wurde an einem festen Arbeitsplatz gearbeitet. 2. Jetzt wird viel von zu Hause aus erledigt. 3. Die Einzelbüros wurden zu Großraumbüros umgebaut. 4. Handwerker werden immer noch oft gesucht. 5. Auch heute werden Briefe per Post geschickt.

Konjunktiv II

1 1. wären, 2. würden, 3. würde, 4. wäre, 5. müssten, 6. hätte, 7. hätte, 8. könnte

2 1. sollten, 2. sollten, 3. sollte, 4. sollte, 5. sollten

3 1. Könnten Sie bitte leiser telefonieren? 2. Du könntest regelmäßig die Blumen gießen. 3. Könntest du bitte fragen, bevor du das Fenster öffnest? 4. Könnten Sie bitte Ihre Akten nicht auf meinen Schreibtisch legen?

Nomen und Adjektive

1 1. das, 2. des, 3. die, 4. des, 5. die, 6. eine, 7. des, 8. die / eine, 9. der, 10. die, 11. der, 12. der, 13. –

2a 1. Anfrage, 2. Bewerbung, 3. Bestellung, 4. Lieferung, 5. Reklamation, 6. Beschwerde, 7. (Möbel)montage, 8. Honorarzahlung

b 1. Bemühungen, 2. Lieferung, 3. Anlage, 4. Angebot, 5. Mahnung

3 1. manchen, 2. Jeder, 3. allen, 4. Jedes, 5. Alle, 6. keinen

4 1. -en, -e, 2. -en, -en, 3. -en, 4. -e, -e, 5. -en, 6. -es, -en

5 1. höher, 2. flexibler, 3. lieber, 4. kürzesten, 5. höchsten, 6. besten

6 1. wie, 2. als, 3. als, 4. als, 5. wie, 6. als, 7. wie, 8. als

Präpositionen

1 1. auf, 2. über, 3. seit, 4. in, 5. über, 6. auf, 7. neben, 8. bezüglich, 9. bezüglich, 10. mit

2 1. wegen / aufgrund, 2. wegen / aufgrund, 3. infolge, 4. zugunsten

Verben mit Präpositionen

1a 1. über / an, 2. an, 3. über, 4. über, 5. auf, 6. vor, 7. um

b 1. über, 2. um, 3. vor, 4. auf, 5. über, 6. an, 7. über

2 1. Der Mitarbeiter wundert sich über den neuen Qualitätsmanager. 2. Der Chef gratuliert zum (zu dem) überraschenden Erfolg. 3. Er dankt für die Vorbereitungen des Jubiläums. 4. Die Mitarbeiterin reagiert auf den letzten Anruf. 5. Sie entschuldigt sich bei der Kollegin.

3 2. Worauf? Darauf. 3. Wozu? Dazu. 4. Woran? Daran. 5. Worüber? Darüber. 6. Worauf? Darauf.

Nomen im Satz

1 Akkusativergänzung: anrufen, beantworten, beraten, besichtigen, treffen; Dativergänzung: gefallen, gehören, passen, widersprechen; Akkusativ und Dativ: anbieten, empfehlen, erläutern, leihen, mailen, überweisen

2 1a, 2b, 3c, 4a, 5a, 6c, 7a, 8c, 9b, 10b

3 2. Der Chef hat seinen Mitarbeitern einen extra Urlaubstag geschenkt. 3. Der Mitarbeiter gibt dem Kollegen sofort den Schlüssel zurück. 4. Der Meister zeigt dem Auszubildenden den neuen Fuhrpark. 5. Die Sekretärin erklärt der neuen Kollegin die Datei. 6. Der Vorgesetzte hat dem neuen Kollegen einen Fehler bewiesen.

Satzverknüpfungen: Hauptsatz + Hauptsatz

1 1a, 2b, 3b, 4c

2 2. Der Seminarleiter hat viele Praxisbeispiel erwähnt, aber ich wollte noch mehr hören. 3. Meine Kollegin war unzufrieden, denn wir hatten unbequeme Stühle. 4. Ich suche nicht nur nach einem neuen Thema, sondern auch nach dem Kursort.

Lösungen

3 2. Ich schreibe noch diesen Bericht zu Ende und schicke ihn sofort ab. 3. Ich habe meine Ausbildung als Büroaushilfe gemacht, aber nie in meinem Job gearbeitet. 4. Die Firma stellt keine Heizkörper her, sondern produziert Heizrohre.

Satzverknüpfungen: Hauptsatz + Nebensatz

1 1. Solange / während, 2. Bis, 3. Solange, 4. Während, 5. Solange, 6. Während, 7. Seitdem, 8. Bis

2 2. Wenn sie abends um 18.00 Uhr nach Hause kommt, hört sie ihren Anrufbeantworter ab. 3. Als sie um 18.00 Uhr nach Hause kam, hörte sie ihren Anrufbeantworter ab. 4. Als sie aus der Mittagspause kam, hatte sie einen Termin mit ihrer Chefin. 5. Wenn ihre Mittagspause beendet ist, hat sie einen Termin mit ihrer Chefin.

3 1d, 2c, 3e, 4b, 5a

4 1. anzufangen, 2. zuzumailen, 3. zu kopieren, 4. auszuschalten, 5. zu starten, 6. weiterzugeben, 7. zu installieren (das Verb steht immer am Ende des Satzes)

5 1. Es ist wichtig, sich beraten zu lassen. 2. Es ist notwendig, den Markt genau zu analysieren. 3. Der Chef hofft, dass die Firma schnell wächst. 4. Sie haben sich entschieden, die Filiale bald zu eröffnen. 5. Er freut sich, dass die Firma schwarze Zahlen schreibt.

6 1. dass sie die letzten Entwicklungszahlen kennen möchte. 2. dass die Entwicklung positiv verlaufen ist. 3. Der Chef hofft, dass die Jahresbilanz positiv ausfällt. 4. Sie haben sich entschieden, dass es aber auch unzufriedene Kunden gibt. 5. Er freut sich, dass der Mitarbeiter recht hat. 6. dass sie mehr Personal einstellen sollte. 7. dass das Problem die Finanzen sind. 8. dass ein weiteres Gespräch notwendig ist.

Indirekte Fragesätze

1 2. ob ich die Anreise selbst bezahlen muss, 3. bis wann ich den Dienstreiseantrag stellen kann, 4. ob ich meinen eigenen Computer mitbringen darf, 5. ob es eine Teilnahmebescheinigung gibt,

2 2. ob ich Erfrischungsgetränke bestellen soll? 3. ob der Besprechungsraum zur Verfügung steht? 4. wann genau das Meeting endet, 5. wer das Protokoll schreibt?

Relativsätze

1 1. die, 2. die, 3. der, 4. deren, 5. denen, 6. der, 7. die, 8. dessen, 9. deren, 10. dem

2 1. Der Drucker, der letzte Woche installiert wurde, ist wieder kaputt. 2. Die technische Hotline, die die Fehlermeldung aufgenommen hat, hat noch nicht zurückgerufen. 3. Letzte Woche waren zwei Techniker da, denen wir das Gerät gezeigt hatten. 4. Bald kommt ein Techniker, den wir schon kennen. 5. Er kommt mit einem Auszubildenden, dessen Aufgaben wir schon kennen. 6. Der einzige Fehler, mit dem er nicht gerechnet hatte, war das defekte Kabel.

Feste Wendungen

1 1. stehen, 2. stellen, 3. erteilen, 4. treffen, 5. abfeiern, 6. beanstanden, 7. wecken, 8. übernehmen

2a 1b, 2d, 3c, 4e, 5a

b 1. umgehend, 2. bereits, gegenstandslos, 3. zusätzlichen, 4. umgehend, 5. leider

3 1c, 2a, 3a, 4b

4 1a, 2a, 3a

Transkriptionen

Kommentierter Modelltest

1

Hörverstehen, Teil 1

Moderatorin: *Liebe Zuhörerinnen und Zuhörer, willkommen zu unserer Sendung „Mensch und Gesellschaft". Unser Thema heute heißt „Arbeiten ohne Pause?". Zu Beginn hören Sie die Ergebnisse einer Umfrage. Wir haben Berufstätige gefragt: Wie wichtig sind Pausen während der Arbeit? Hören Sie nun einige Antworten.*

41 Vera Thomas, Buchhalterin
Also, die Mittagspause finde ich sehr wichtig. Dann gehe ich auch in den Pausenraum oder nach draußen. Man muss doch mal etwas anderes sehen als den Schreibtisch! Aber ehrlich gesagt könnte ich meine Pause auch nicht allein verbringen, das ist doch etwas langweilig. Zum Glück machen zwei Kolleginnen von mir meist zusammen mit mir Pause, und dann können wir uns erzählen, was es Neues gibt. Das macht wirklich Spaß.

2

42 Manfred Jürgens, Sachbearbeiter
Ja, Pausen sind wahrscheinlich für die meisten wichtig. Aber wenn ich mir meinen Schreibtisch ansehe ... der ist immer voll. Und dann soll ich auch noch eine Pause machen? Ich kann doch nicht einfach alles liegenlassen! Außerdem muss ich dann nach der Pause wieder von vorne anfangen, das nervt doch nur. Da arbeite ich lieber ohne Pause und gehe abends vielleicht früher.

3

43 Verena Drobny, Empfang
Zu dem Thema habe ich gestern einen Zeitungsbericht gelesen. Da stand, dass Pausen vor allem für jüngere Arbeitnehmer nicht so wichtig sind und dass ältere mehr Pausen brauchen. Das sehe ich nicht so: Es kommt doch auch auf die Arbeit an. Bei uns im Betrieb arbeiten jüngere Kollegen, die sehr anstrengende Jobs haben. Die müssen einfach jede Stunde mal Pause machen. Ich selbst bin fast 60, aber meine Arbeit ist nicht so anstrengend und mir reicht eine kurze Mittagspause. Und vielen älteren Kollegen übrigens auch.

4

44 Peter Zumwinkel, Informatiker
Tja, einige Kollegen verbringen ja ihre Pause am Schreibtisch. Ich verstehe das ehrlich gesagt gar nicht. Es ist doch wichtig, mal auf andere Gedanken zu kommen. Und besonders wichtig finde ich frische Luft - deshalb gehe ich mittags meist vor die Tür, vielleicht kurz in den Park gegenüber oder nur einmal ums Haus. Hauptsache mal raus aus dem Gebäude.

5

45 Johanna Thal, Bürokauffrau
Ja, ich finde Pausen schon wichtig. Aber bei uns in der Abteilung arbeiten drei Kollegen, die Raucher sind. Und die gehen wirklich jede Stunde mindestens zweimal, oft sogar dreimal raus, um eine Zigarette zu rauchen. Und die arbeiten dann abends nicht länger oder so - das geht doch nicht! Aber unser Chef sagt nichts, der raucht nämlich auch. Ich finde das unmöglich, die haben fast mehr Pausen als Arbeitszeit!

6

Hörverstehen, Teil 2

Frau Bossel: Guten Tag, Herr Leopold, schön, dass Sie Zeit haben!
Herr Leopold: Ja, gerne, Frau Bossel, das ist doch klar. Für die Leiterin der Kindertagesstätte habe ich natürlich immer Zeit.
Frau Bossel: Das ist nett. Sagen Sie, wie lange dauert Ihr Praktikum jetzt eigentlich noch genau?
Herr Leopold: Nur noch eine Woche, drei Wochen sind schon vorbei. Das geht einfach so schnell ...
Frau Bossel: Heißt das, Sie würden gern noch länger bei uns bleiben?
Herr Leopold: Ja, schon. Ich würde sehr gerne meine Ausbildung bei Ihnen machen, wenn das geht.
Frau Bossel: Hmm, das klingt wirklich so, als wären Sie begeistert. Über das Thema „Ausbildung" wollte ich mit Ihnen jetzt auch sprechen. Ach, möchten Sie vielleicht etwas trinken, einen Kaffee oder so?
Herr Leopold: Das ist sehr nett von Ihnen, aber ich bin auch schon ohne Kaffee aufgeregt genug.
Frau Bossel: Aber Herr Leopold, es gibt doch gar keinen Grund, aufgeregt zu sein. Sagen Sie mir doch einfach mal, wie es Ihnen bis jetzt bei uns gefallen hat. Sie haben ja schon einiges kennengelernt.
Herr Leopold: Ja, genau. Also, ich war ja zuerst im Büro und habe geholfen, die Anmeldungen aufzunehmen, Ablage zu machen und solche Dinge ...
Frau Bossel: Genau, und Frau Wegner fand auch, dass Sie das gut gemacht haben.
Herr Leopold: Ähm, das freut mich, aber ... also, ich fand das für zwei, drei Tage mal ganz interessant, aber das möchte ich eigentlich nicht immer machen.
Frau Bossel: Ja, das kann ich gut verstehen. Ich habe ja auch viel mit Papierkram zu tun, aber auch viele andere Sachen. Den ganzen Tag nur am Schreibtisch und am Computer - das wäre auch nichts für mich. Sie waren auch schon in der Küche, oder?
Herr Leopold: Ja, da war ich gerade erst. Ich hätte nicht gedacht, dass Sie hier eine eigene Küche haben!

Transkriptionen

Frau Bossel: Das ist etwas ungewöhnlich, stimmt. Aber wir sind einerseits ja eine sehr große Einrichtung, wir haben zehn Gruppen und dann auch noch die Hortkinder, die spezielle Betreuung bekommen. Das sind insgesamt etwa 230 Kinder. Da lohnt sich eine eigene Küche schon. Wie fanden Sie es denn in der Küche?
Herr Leopold: Ehrlich gesagt hat es mir da bislang am besten gefallen. Ich wusste gar nicht, dass kochen so viel Spaß macht.
Frau Bossel: Ach, hat bislang immer Ihre Mutter zu Hause gekocht?
Herr Leopold: Ähm, nee, bei uns hat vor allem die Mikrowelle gekocht … wenn man das so sagen kann.
Frau Bossel: Also, in der Küche würden Sie gern auch länger arbeiten?
Herr Leopold: Ja, sicher! Klar, das ist auch anstrengend, wenn viel zu tun ist, aber das macht nichts.
Frau Bossel: Und natürlich waren Sie auch schon in einer unserer Gruppen und haben mit den Erzieherinnen gearbeitet, nicht wahr?
Herr Leopold: Ja, das habe ich letzte Woche gemacht.
Frau Bossel: Als Sie hier angefangen haben, meinten Sie ja noch, dass Sie vielleicht Erzieher werden wollen …
Herr Leopold: Stimmt. Aber erstens hatte ich da ja noch nicht in der Küche gearbeitet und zweitens … puh, die Kinder sind doch ganz schön laut und so.
Frau Bossel: Na, dann habe ich eine gute Nachricht für Sie. Wir haben jetzt ja zwei Köche bei uns, und Herr Ingelmann ist ja schon etwas älter, der wird in ein paar Jahren in Rente gehen. Deshalb würden wir gerne einen neuen Koch ausbilden. Wenn Sie wollen, könnten Sie also im Oktober mit der Ausbildung beginnen.
Herr Leopold: Das ist ja super! Klar möchte ich das.
Frau Bossel: Gut, dann können wir auch schon ein paar Details besprechen …

7

Hörverstehen, Teil 3

56
Sie haben folgende Nachricht auf Ihrer Mailbox:
Hallo, hier ist dein Kollege Martin. Ich habe ein Problem, und zwar bin ich letzte Nacht plötzlich krank geworden. Deswegen kann ich heute auch nicht ins Büro kommen, aber wir haben vorgestern eine ganz wichtige Bestellung bekommen. Ich sollte die Bestellung bearbeiten, aber das geht ja jetzt nicht. Kannst du dich darum kümmern? Die Unterlagen sind auf meinem Schreibtisch.

8

57
Sie rufen Montagmittag bei einem Kunden an. Sie haben eine Rückfrage zu seiner Bestellung.
Guten Tag, Sie sind verbunden mit dem Anschluss des Restaurants „Waldblick“. Sie rufen außerhalb unserer Öffnungszeiten an. Für Fragen und Reservierungen stehen wir Ihnen gerne dienstags bis freitags ab 15 Uhr sowie an Wochenenden und Feiertagen ab 11 Uhr zur Verfügung. Montags haben wir Ruhetag. Vielen Dank und auf Wiederhören!

9

58
Sie rufen den Besucherservice der Messe an und hören folgende Ansage:
Willkommen beim Besucherservice der Messe Neustadt. Ein aktueller Hinweis für Besucher der Metallbau-Messe: An Bussteig C vor dem Hauptbahnhof Neustadt stehen Busse zum Messegelände bereit. Beachten Sie bitte, dass der Fahrpreis für die Busse in der Eintrittskarte zur Messe bereits enthalten ist. Wenn Sie noch keine Eintrittskarte für die Messe haben, benötigen Sie eine Fahrkarte für das Stadtgebiet Neustadt.

10

59
Sie rufen am Donnerstagmorgen einen Zulieferer an. Sie möchten eine Lieferung reklamieren.
Guten Tag, Sie sind verbunden mit dem Großhandel Steinmeier, Anschluss Johanna Berger. Bis kommenden Montag bin ich im Urlaub. Sie erreichen meine Kollegin Frau Ullmann unter der Durchwahl 9878 von Montag bis Dienstag und meine Kollegin Frau Kruse unter der Durchwahl 9879 von Mittwoch bis Freitag. Vielen Dank für Ihr Verständnis!

11

60
Ein Techniker soll den Kopierer im Büro reparieren. Sie rufen den Kundendienst an.
Herzlich willkommen bei Ludwig Bürodienstleistungen. Wenn Sie Material für Ihre Bürogeräte bestellen möchten, drücken Sie bitte die „1“. Wenn Sie sich über unser Sortiment informieren möchten, drücken Sie bitte die „2“. Wenn Sie Unterstützung vor Ort benötigen, benutzen Sie bitte unser Service-Formular im Internet. Unsere Techniker werden sich umgehend mit Ihnen in Verbindung setzen.

Mündlicher Ausdruck, Teil 1

12

Nadja: Hallo, wie heißen Sie?
Boris: Mein Name ist Boris Zonev. Und wie heißen Sie?
Nadja: Nadja Rosna. Wollen wir du sagen?
Boris: Ja, gern.

13

Boris: Hallo, Nadja. Wir kennen uns ja.
Nadja: Hallo, Boris. Stimmt, wir haben den gleichen Deutschkurs besucht.

14

Boris: Sag mal, Nadja, wie lange lebst du schon in Deutschland?
Nadja: Ich bin vor anderthalb Jahren aus Wolgograd gekommen. Du kommst aus Bulgarien, oder?
Boris: Richtig, aus der Hauptstadt Sofia. Aber sag mal, wohnst du noch in Essen?
Nadja: Nein, ich wollte nicht mehr pendeln. Jetzt wohne ich in Düsseldorf.
Boris: Ach, ich auch. Wir haben eine Wohnung in der Nähe vom Unterbacher See gefunden.
Nadja: Die Gegend kenne ich sehr gut. Dann joggst du jeden Morgen um den See rum?
Boris: Seitdem ich das Praktikum habe, jogge ich nur am Wochenende.
Nadja: Ein Praktikum? Ich dachte, du wolltest direkt arbeiten …
Boris: Ja, aber die Klinik in Solingen hat mir zunächst ein dreimonatiges Praktikum angeboten. Das kann ich dir auch empfehlen.
Nadja: Ich weiß, aber ich möchte weiter Deutsch lernen. Als Steuerberaterin muss ich noch viel lernen. Vielleicht sogar noch eine Umschulung machen … Was macht deine Frau?
Boris: Du erinnerst dich noch, sie ist zwei Monate später nach Deutschland gekommen, aber in Bulgarien hat sie das deutsche Abitur gemacht. Daher hat sie direkt einen Job gesucht und gefunden: Sie ist jetzt Webdesignerin bei Rollmust.
Nadja: Das ging aber schnell! Mein Mann hat erst mit dem Deutschkurs angefangen. Als Physiker hat er gute Chancen auf dem Arbeitsmarkt, aber ohne Sprache ist es schwierig …
Boris: Leicht ist die Sprache nur für die Kinder – unser Sohn Niko hat nach drei Monaten deutsch gesprochen!
Nadja: Das kann ich bestätigen: Anja ging es genauso. Sie hat auch ziemlich schnell Deutsch gelernt.

15

Prüfer: Herr Zonev, Sie haben gesagt, dass Sie gerade ein Praktikum machen. Warum denken Sie, dass das von Vorteil ist?
Boris: Während des Praktikums kann ich die Abläufe besser kennenlernen. Dann weiß ich auch, ob ich da später arbeiten möchte. Man kann sich ausprobieren: Wie sind die Kollegen? Wie ist die Atmosphäre? Verstehe ich genug, um hier zu arbeiten?
Prüfer: Frau Rosna, warum müssen Sie als Steuerberaterin noch viel lernen?
Nadja: Ich denke, die Gesetze sind anders. Nur die Zahlen sind gleich. Aber ich muss genau wissen, was welcher Begriff bedeutet. Deswegen muss ich auch weiter Deutsch lernen.

Mündlicher Ausdruck, Teil 2

16

A: In meinem Beispiel sagt Frau Neuhaus, dass sie als Bankkauffrau in Teilzeit arbeitet, aber samstags ihrer besten Freundin hilft. Nach ihrer Meinung braucht sie das zusätzliche Geld nicht. Wahrscheinlich lebt sie getrennt von ihrem Mann und hat deshalb Zeit.

17

B: Ich habe einen Kurzbericht von Annette Linder. Sie beschreibt, wie ihr Alltag aussieht: Zuerst arbeitet sie als Putzfrau im Büro, dann geht sie ihrer Hauptbeschäftigung nach. Um über die Runden zu kommen, trägt sie Werbeprospekte oder Zeitungen aus. Sie ist der Meinung, dass sie alle diese Jobs braucht.

18

A: In meinem Beispiel sagt Frau Neuhaus, dass sie als Bankkauffrau in Teilzeit arbeitet, aber samstags ihrer besten Freundin hilft. Nach ihrer Meinung braucht sie das zusätzliche Geld nicht. Wahrscheinlich lebt sie getrennt von ihrem Mann und hat deshalb Zeit.
B: Ich habe einen Kurzbericht von Annette Linder. Sie beschreibt, wie ihr Alltag aussieht: Zuerst arbeitet sie als Putzfrau im Büro, dann geht sie ihrer Hauptbeschäftigung nach. Um über die Runden zu kommen, trägt sie Werbeprospekte oder Zeitungen aus. Sie ist der Meinung, dass sie alle diese Jobs braucht.
A: Das überrascht mich sehr. Sie hat einen Teilzeitjob als Büroaushilfe, der für den Lebensunterhalt nicht ausreicht! Ich könnte nicht so viel arbeiten. Ich wäre total kaputt!
B: Ich denke aber, wenn es notwendig ist, dann macht man alles. Ich zum Beispiel habe in meinem Heimatland in einer Ganztagsschule immer bis 17 Uhr als Fremdsprachenlehrerin gearbeitet und danach bei den Messen ge-

dolmetscht oder Übersetzungen angefertigt. Ich war nie vor ein bis zwei Uhr nachts im Bett!
A: Du hast recht, wenn von den Jobs das Überleben der Familie abhängt, dann verstehe ich das. Aber es gibt Leute, denen es Spaß macht, mehrere Jobs auf einmal auszuüben. Wie auch Adele Neuhaus. Sie selber sagt, dass sie das Geld nicht braucht. Sie möchte ihrer Freundin helfen. Das finde ich großartig!
B: Stimmt. Würdest du denn mehrere Jobs machen?
A: Ich bin mir nicht sicher. Mir ist auch die Freizeit wichtig: Sport treiben, ins Kino gehen, sich mit den Freunden treffen. Zusätzlich arbeiten? Eher nicht ... Und du?
B: Ich kann mir das vorstellen. Wie gesagt, ich habe schon immer viel gearbeitet. Aber ich möchte es aus Spaß an der Sache machen. Nicht, weil ich es muss.
A: Es würde mich interessieren, was die Partner darüber denken. Meine Freundin wäre nicht glücklich, wenn ich so wenig Zeit für sie hätte.
B: Mein Mann arbeitet nicht hier, wir sehen uns nur einige Male im Monat. Das heißt, es würde ihn nicht stören. Aber schwieriger finde ich die Kinderbetreuung. Bei uns gibt es sogar Kindergärten mit Nachtbetreuung.
A: Das finde ich in Deutschland wirklich problematisch. Was, wenn du keine gute Nachbarin oder eine Oma in der Nähe hast?
B: Da sind wir wieder am Anfang des Gesprächs. Jeder muss für sich selbst eine Lösung finden.

Mündlicher Ausdruck, Teil 3

19

Janick: Hallo Kamilla!
Kamilla: Hallo Janick!
Janick: Sicherlich hast du schon die Mail gelesen: Wir beide sind für das diesjährige Treffen aller Auszubildenden verantwortlich.
Kamilla: Ja und ich freue mich sehr! Ich habe schon einige Ideen gesammelt!
Janick: Wunderbar! Ich schlage vor, wir gehen die einzelnen Punkte durch. Wo sollen sich alle treffen?
Kamilla: Ich denke, der beste Platz ist der Hof.
Janick: Das ist zwar ein guter Vorschlag, aber was, wenn es regnen wird? Wäre die Verkaufshalle nicht doch besser?
Kamilla: Das gefällt mir. Aber wir dürfen nicht vergessen: Es kommen 350 Auszubildende aus ganz Deutschland. Vielleicht müssen wir dann doch die Zelte bestellen. Was hälst du von einem Frühstück ab 10 Uhr?
Janick: Das finde ich gut. Sollen wir den gleichen Caterer nehmen, der auch für das Firmenjubiläum hier war?
Kamilla: Ich denke, wir sollten lieber einen anderen nehmen. Beim Firmenjubiläum war das eher ein Abendessen. Jetzt werden wir viele junge Leute dabei haben. Sie brauchen etwas Neues.
Janick: Du hast recht. Kümmerst du dich darum?
Kamilla: Ja gerne. Hast du schon überlegt, wie es nach dem Frühstück weiter geht?
Janick: Wie findest du ein Kabarett?
Kamilla: Wollen wir nicht lieber mit den Preisen für die besten Präsentationen fortfahren?
Janick: Richtig! Das habe ich ganz vergessen. Herr Schelling, der Zentralleiter wird auch kommen. Ich muss an die Technik denken: Computer, Projektoren, Lichter ...
Kamilla: Danach kann das Programm mit dem Kabarett beginnen. Es gibt auch eine Tanzshow.
Janick: Ich finde es besser, wenn zuerst die besten Mitarbeiter ihre Preise bekommen würden. Das motiviert die Auszubildenden.
Kamilla: Damit bin ich einverstanden. Wir müssen auch überlegen, dass wir die Einladungen verschicken. Wie wollen wir sie denn verschicken?
Janick: Ich denke, nur über das Intranet. Aber die Presse einzuladen, ist wichtig. Das könnte ich machen.
Kamilla: Gut, ich schreibe dann einen Bericht für unsere Zeitschrift. Ich werde auch die Interviews führen. Dann haben wir viel Material, auch für unsere Homepage.
Janick: Das ist schon ganz schön viel ... Wer könnte uns denn helfen?
Kamilla: Mit bestimmten Informationen hilft die Personalabteilung, vielleicht auch die Meister.
Janick: ... und die Abteilungsleiter.
Kamilla: Vielleicht sollten wir auch eine Doodle-Umfrage zu einer weiteren Besprechung starten.
Janick: Sehr gut! Ich bin einverstanden.
Kamilla: Dann bis später!
Janick: Bis dann!

Fertigkeitentraining

Hören, Aufgabe 1b und 1c

20

1 Gerda Möller, Bürokauffrau
Also, ich bin Bürokauffrau, und ich habe ja schon in ganz unterschiedlichen Firmen gearbeitet. In kleinen Firmen habe ich ganz alleine im Büro gesessen oder mir das Büro auch mal mit dem Chef geteilt – weil es halt nur ein Büro gab. Das war auch okay, aber ehrlich gesagt, bin ich lieber im Großraumbüro. Da sind einfach mehr Kollegen, man kann sich immer mal austauschen. Ich finde das wirklich gut.

2 Benjamin Stadler, Schüler
Ich habe im vergangenen halben Jahr drei Praktika gemacht. Und ich muss sagen: Ich habe da mehr gelernt als in meiner ganzen Schulzeit. Da merkt man doch erst mal, worauf es im Beruf ankommt, was man den ganzen Tag macht und ob einem der Job wirklich gefällt. Deshalb

werde ich jetzt auch noch ein weiteres Praktikum machen, bevor ich mich für einen Beruf entscheide. Praktika sind einfach unverzichtbar, finde ich.

3 Karl Petkovic, Gärtner
Ich bin jetzt Mitte 50, und ich habe immer einen Job gehabt. Auch jetzt, ich arbeite im Lager eines Versandhandels. Das hat ja auch Vorteile, aber … wissen Sie, ich bin gelernter Gärtner und ich habe nach der Ausbildung auch 20 Jahre in dem Beruf gearbeitet. Dann hat die Firma leider pleite gemacht. Das ist wirklich schade, denn ich habe das sehr gemocht und würde auch gern wieder in dem Beruf arbeiten. Aber im Moment gibt es da einfach keine freien Stellen.

4 Luise Roppel, Ausbildungssuchende
Letztes Jahr habe ich meinen Realschulabschluss gemacht und dann keinen Ausbildungsvertrag bekommen. Ich wollte Friseurin werden, aber ich konnte bei uns nur ein Praktikum machen, für einen Monat. Und ehrlich gesagt, war das auch gut so, denn als ich jeden Tag im Friseursalon stand, habe ich gemerkt, dass das ganz schön anstrengend ist. Praktika sind also gar nicht blöd. Ich glaube, ich mache erst mal noch eins …

5 Dustin Schwarz, Maler und Lackierer
Ich arbeite seit ein paar Monaten in der Küche, in einem griechischen Restaurant. Das ist echt ganz gut. Ich mache aber nur Hilfsarbeiten, weil ich den Beruf nicht gelernt habe. Eigentlich bin ich Maler und Lackierer, aber vor ein paar Monaten hat meine Firma zugemacht, und ich war arbeitslos. Zu Hause rumsitzen ist nichts für mich, also habe ich einen anderen Job gesucht, einfach irgendwas. Richtiger Koch möchte ich aber auch nicht sein, das ist doch ganz schön viel Stress, und ehrlich gesagt, esse ich auch lieber als zu kochen.

Aufgabe 3a

21

1
Mann: Bitte, nehmen Sie doch Platz.
Frau: Vielen Dank.
Mann: Sie haben Interesse an einem unserer Gebrauchtwagen, nicht wahr?
Frau: Ja, ganz genau. Es wird mal wieder Zeit für einen Neuen … also, einen neuen Gebrauchten. Aber ich bin unsicher, welches Modell das Richtige ist.
Mann: Waren Sie denn mit Ihrem letzten Fahrzeug zufrieden?
Frau: Hmm, nicht so richtig, muss ich sagen. Ich glaube, der war mir einfach zu groß.

2
Mann 1: Können wir uns mal kurz zusammensetzen?
Mann 2: Ja, natürlich. Was gibt's denn? Hoffentlich nichts Schlimmes?
Mann 1: Was? Nein, wie kommen Sie denn darauf? Ich will nur die Arbeiten in der Wohnung in der Kastanienstraße mit Ihnen besprechen, da müssen Sie ja morgen alleine hin zum Anstreichen.
Mann 2: Ach so … dann mal los.

3
Frau: Uhlenhoff?
Mann: Hallo, Frau Uhlenhoff, hier ist Peters vom Verkauf.
Frau: Ach, hallo, Herr Peters. Was kann ich für Sie tun?
Mann: Ich habe Ihnen doch gestern unsere aktuelle Liste offener Aufträge zugeschickt …
Frau: Ja …
Mann: Naja, mir ist gerade aufgefallen, dass ich Ihnen eine alte Version geschickt hatte, ich muss da noch was aktualisieren.
Frau: Okay. Machen Sie das einfach heute, ich hatte mit der Liste sowieso noch nicht weitergearbeitet.

4
Mann: Entschuldigen Sie die Verspätung, mein Bus ist nicht gekommen …
Chefin: Guten Morgen erst mal!
Mann: Ähm, ja, guten Morgen …
Kollegin: Oh, gut, dass mich heute mein Freund im Auto mitgenommen hat, sonst nehme ich ja auch den Bus.
Mann: Ja, da hatten Sie Glück, und das ist schon …
Chefin: Verzeihung, aber könnten wir das Gespräch auf später verlegen, wir müssen jetzt dringend besprechen, wie wir die neuen Produkte bewerben können und was sonst noch für Arbeiten in dieser Woche anstehen.
Kollegin und Mann: Ja, natürlich, schon gut.
Chefin: Gut. Dann fangen wir mal an.

Aufgabe 3b

22

1
Schichtarbeit? Ich habe früher in Schicht gearbeitet, als Krankenschwester, und ich sage Ihnen mal was: Das ist Gift für jede Beziehung! Man hat doch nie Zeit füreinander. Und man hat auch gar keinen Rhythmus! Also, ich war dreimal verheiratet und jetzt bin ich dreimal geschieden. Natürlich ist die Schichtarbeit daran schuld. Was sonst?

2
Ich arbeite jetzt seit zwei Jahren mit älteren Menschen, erst im Zivildienst – da fand ich das schon ganz toll – und jetzt in der Ausbildung. Man bekommt da so viel zurück! Und das ist doch das Beste!

3
Ja, ich arbeite als Verkäuferin, und zwar in einem Modegeschäft. Und ehrlich gesagt – die Kunden und Kundinnen sind ganz schön anstrengend. Mal ist was zu klein, dann zu groß. Dann ist die Farbe nicht schön, dann ist der Preis zu hoch. Und schließlich gehen sie wieder und kaufen gar nichts. Ich sage Ihnen, ich würde eigentlich lieber was anderes machen. Aber es ist ja nicht mehr lang bis zur Rente.

4
Ja, meine Arbeit … tja, was soll ich sagen? Ich mache halt jeden Tag das Gleiche – Geschirr spülen in einer Küche. Montag, Dienstag, Mittwoch … und so weiter. Dann wird das Geschirr wieder dreckig und ich spüle es wieder. Also, spannend ist das nicht gerade.

5
In die Kantine? Nee … also nur, wenn es gar nicht anders geht. Das ist doch ungenießbar dort.

Aufgabe 4a

23

1
Hallo, hier ist Ludwig vom Restaurant „Mühlenhof". Wir hatten ja für Montag um 12 Uhr einen Termin ausgemacht, Sie wollen uns die neue Kollektion vorstellen. Könnten wir das auf 16 Uhr verschieben, auch am Montag? Wir haben mittags noch die Handwerker in unserer Privatwohnung. Danke!

2
Guten Tag, hier ist das Hotel „Central". Wir bräuchten dringend 100 neue Kaffeetassen und Unterteller aus der Serie „Gloria". Könnten Sie das schnell weiterleiten? Danke!

3
Hallo, hier ist Müller von der Firma „Geschirr 24". Könnten Sie mich morgen anrufen? Es geht um unseren aktuellen Vertrag. Danke vielmals!

4
Hallo, Klaus hier. Ich habe vergessen, die Mappe mit den Rechnungen zum Abteilungsleiter zu bringen, und morgen bin ich im Urlaub. Kannst du das machen? Sie liegt in meinem Regal. Danke dir!

5
Guten Tag, hier ist der Veranstaltungsservice Weber. Wir hatten ja bei Ihnen Ware bestellt und es war auch alles bestens. Nur dummerweise haben wir die Rechnung, das ist die Nr. 1309, verlegt. Könnten Sie uns eine Rechnungskopie senden? Vielen Dank!

6
Hallo, hier ist Thomas aus der Personalabteilung. Ich wollte dich nur informieren, dass wir am Mittwoch gemeinsam zwei Bewerbungsgespräche führen, und zwar ab 9 Uhr. Bis dann!

Aufgabe 4c

24

1
Verehrte Fluggäste, hier eine Information für den Lufthansa-Flug LH 054 von Frankfurt nach München. Ihr Abfluggate hat sich geändert, das aktuelle Abfluggate ist A23. Eine weitere Information zum verspäteten Lufthansa-Flug LH061 nach Berlin: Der Abflug verzögert sich nun voraussichtlich um 45 Minuten. Wir bitten um Verständnis.

2
Guten Tag, hier ist Jansen vom Vertrieb der Firma Olsen Bausysteme. Ich würde gerne mit Ihnen einen Termin vereinbaren, um Ihnen die neuen Produkte persönlich vorzustellen. Jetzt ist es ja schon kurz nach 16 Uhr, ich würde sagen, ich rufe Sie morgen gegen neun noch mal an. Danke schon mal!

3
Guten Tag, hier ist Peters. Wir hatten ja vor drei Tagen einen Termin in meiner Firma, um den Umbau der Räume zu besprechen. Ihr Angebot hatte mir auch zugesagt und ich hatte Ihnen per Fax den Auftrag erteilt. Mir fehlt jetzt nur noch eine Auftragsbestätigung, am besten auch per Fax. Könnten Sie das heute noch erledigen? Danke!

4
Hier eine Information für alle Messebesucher. Wegen des großen Andrangs kommt es derzeit bereits zu Staus im Bereich der Messe. Benutzen Sie bitte nach Möglichkeit die kostenlosen Busse ab Hauptbahnhof. Dort steht auch ein großes Parkhaus zur Verfügung. Die Parkhäuser an der Messe sind bereits alle belegt.

5
Dreyer hier, von der Akademie Neustadt. Sie haben ja eine Fortbildung für Ihre Mitarbeiter bei uns gebucht, für morgen Vormittag. Ich wollte Ihnen kurz Bescheid geben, dass die Referentin, Frau Plauz, erkrankt ist. Wir haben aber natürlich schon eine Alternative für Sie, Herrn Jakob, auch ein ganz erfahrener Referent.

Aufgabe 5a und b

25

Frau Heidesand: Herein?
Herr Küster: Guten Tag – Frau Heidesand?
Frau Heidesand: Ja, da sind Sie bei mir richtig.
Herr Küster: Küster ist mein Name, Florian Küster, ich ...
Frau Heidesand: Ach, Herr Küster, schön, dass wir uns kennenlernen. Kommen Sie doch herein und nehmen Sie Platz!
Herr Küster: Vielen Dank, Frau Heidesand! Ich stelle gerade den Koffer mit Tapeten- und Stoffmustern hier ab.
Frau Heidesand: Darf ich Ihnen einen Kaffee anbieten, ehe wir gleich zum Geschäftlichen kommen?
Herr Küster: Nein, danke, sehr freundlich, ich hatte heute schon genug Kaffee.

Aufgabe 5d und e

26

Herr Küster: Unser früherer Außendienstler, der Herr Ibrahimovic, ist ja jetzt im Ruhestand ...
Frau Heidesand: Ja, er hatte sich bei unserem letzten Termin schon von mir verabschiedet. Und Sie übernehmen jetzt den Außendienst für ihn?
Herr Küster: Ja, genau, ich bin für den gesamten Bereich zuständig, den Herr Ibrahimovic bislang betreut hat. Ich hoffe natürlich, dass Sie auch mir als Kundin erhalten bleiben.
Frau Heidesand: Na, da würde ich mir an Ihrer Stelle keine Gedanken drüber machen. Die Konditionen Ihres Großhandels waren bislang ja immer sehr gut. Übrigens: Unser Unternehmen, also „Inneneinrichtung Heidesand", feiert im kommenden Jahr 25-jähriges Firmenjubiläum, da möchten wir unseren Kunden natürlich auch besondere Produkte anbieten. Haben Sie vielleicht schon jetzt etwas in Ihrer Angebotspalette, was etwas ... naja, etwas Besonderes ist, halt nicht so der übliche Standard?
Herr Küster: Hmm, da wüsste ich ehrlich gesagt im Moment nichts, was wirklich aus dem Rahmen fällt. In dieser Saison sind doch eher gedeckte Farben im Trend, und bei Vorhängen und so weiter sind die gefragten Schnitte und Formen eher klassisch.
Frau Heidesand: Ach, das ist ja schade ...
Herr Küster: Aber es ist ja auch noch etwas Zeit. Ich würde vorschlagen, ich kümmere mich schnellstmöglich darum und erkundige mich, welche Hersteller vielleicht doch etwas Außergewöhnlicheres im Sortiment haben, vielleicht ja auch erst für die kommende Saison, das würde ja auch noch reichen, oder?
Frau Heidesand: Ja, da haben Sie recht, das wäre noch zeitig genug. Es wäre nur gut, wenn wir spätestens im übernächsten Quartal die Waren für die Jubiläumsangebote bestellen könnten.
Herr Küster: Ja, natürlich, das ist gar kein Problem. Darf ich Ihnen jetzt aber vielleicht die aktuellen Sortimente vorstellen? Ich habe natürlich auch noch weitere Stoffproben im Wagen, die ich gleich holen kann.
Frau Heidesand: Das wäre sehr nett. Wir haben augenblicklich eine hohe Nachfrage nach Gardinen, Vorhängen und Bezügen.

Sprechen, Aufgabe 1a

27

Margot: Hallo, ich bin Margot, und ich komme aus Polen. Ich weiß schon, dass du Anda heißt, aber woher kommst du?
Anda: Ich komme aus China, aus der Stadt Zhuhai und ich lebe seit einem Jahr in Deutschland. Wie lange lebst du schon in Deutschland?
Margot: Seit neun Monaten, ich wohne zusammen mit meinem Mann und meinen zwei Kindern in Berlin. Ist deine Familie auch hier in Deutschland?
Anda: Nein, meine Eltern leben in China und ich bin nicht verheiratet. Was machst du denn von Beruf?
Margot: Ich bin Webdesignerin von Beruf, und im Moment arbeite ich von zu Hause aus, weil meine Tochter noch ganz klein ist. Und was machst du beruflich?
Anda: Eigentlich bin ich Frisör von Beruf, aber zurzeit arbeite ich als Verkäufer in einem kleinen Lebensmittelladen.
Margot: Interessant. Und musst du auch manchmal am Wochenende arbeiten?
Anda: Ja, aber das ist kein Problem für mich. Und arbeitest du gerne zu Hause? Du arbeitest dann ja meistens alleine, oder?
Margot: Ja, im Moment schon. Ehrlich gesagt, arbeite ich aber lieber mit anderen zusammen. Und wie ist das bei dir?
Anda: Ich arbeite oft alleine in dem Laden, das finde ich auch nicht so schön, weil ich lieber mit anderen Menschen zusammenarbeite. Welche Sprachen brauchst du denn in deinem Beruf?
Margot: Ehrlich gesagt, meistens meine Muttersprache Polnisch, weil ich viel für polnische Firmen arbeite, aber manchmal brauche ich auch Deutsch.

Aufgabe 1b

28

1
Prüfer: Erzählen Sie mir doch mal, wie Sie bisher Deutsch gelernt haben.

2
Prüfer: Was ist denn Ihr Traumberuf und warum?

3
Prüfer: Wenn Sie Stress auf der Arbeit haben, was machen Sie denn gerne, um zu entspannen?

Transkriptionen

4
Prüfer: Was möchten Sie denn beruflich in fünf Jahren machen?

Aufgabe 2b

29

In meinem Text berichtet eine Frau von Ihrer Situation. Sie ist Verkäuferin von Beruf. Für die Frau ist es am wichtigsten, ganz nah an ihrem Arbeitsplatz zu wohnen. Zwischen ihrer Wohnung und ihrem Arbeitsplatz sind nur 500 Meter, und sie läuft zur Arbeit. Auf einem der Fotos sieht man auch eine Frau, die zu einem Geschäft läuft. Möglicherweise ist das die Frau aus dem Zeitungsartikel.

Aufgabe 2f

30

Prüfer: Haben Sie auch immer nah an Ihrem Arbeitsplatz gewohnt? … Danke, und ich habe noch eine zweite Frage: Würden Sie gerne zu Hause arbeiten, wenn das möglich wäre?

Aufgabe 2g

31

Ich habe einen Text gelesen, in dem ein Mann erzählt, dass er jeden Morgen 60 Kilometer zur Arbeit fährt und abends natürlich auch zurück. Er meint, dass man nicht jedes Mal umziehen kann, wenn man eine neue Stelle findet. Manchmal ist der lange Weg zur Arbeit stressig, aber er trifft im Zug auch Kollegen und findet es schön, sich mit denen zu unterhalten. Auf dem Foto ist auch ein Mann zu sehen, der in einen Zug steigt, das könnte er sein.

Aufgabe 5a

32

1
Julia: Hallo Tom!
Tom: Hi Julia!
Julia: Wann sollen wir die Sachen einkaufen gehen?
Tom: Äh, was meinst du denn? Meinst du die neuen Büromaterialien oder die Geschenke für das Firmenjubiläum?

2
Herr Kowalik: Guten Morgen, Frau Uhlmann!
Frau Uhlmann: Guten Morgen, Herr Kowalik. Wir sollen ja heute gemeinsam überlegen, welche Werbemaßnahmen für unsere Firma interessant sein könnten.
Herr Kowalik: Ja, und ich habe mir auch schon etwas überlegt. Was halten Sie zum Beispiel von Plakaten im Gewerbegebiet oder auch in der Innenstadt?
Frau Uhlmann: Plakate sind eine wirklich interessante Idee.

3
Magnus: Sag mal, Li, wie wäre es mit dem Technikmuseum?
Li: Hallo erst mal, Magnus. Was soll mit dem Technikmuseum sein?
Magnus: Na wir sollen doch unseren Betriebsausflug planen.
Li: Ach, dann sag das doch. Hmm, ist ein Museum nicht etwas öde?
Magnus: Öde? Was heißt denn „öde"? Ich bin doch noch nicht so lange hier in Deutschland …
Li: Kein Problem, du kannst ja immer fragen. „Öde" heißt „langweilig". Also, ich finde, ein Ausflug sollte Spaß machen. Da ist ein Museum vielleicht nicht das Richtige.

Aufgabe 5b

33

Regina: Hallo Thomas!
Thomas: Hallo Regina!
Regina: Du, wir sollen uns ja überlegen, wie man das Essen in der Kantine verbessern kann. Hast du eine Idee?
Thomas: Oh, Entschuldigung. Kannst du die Frage wiederholen?
Regina: Klar. Hast du eine Idee?
Thomas: Hmm… leider nein. Ich finde das Essen aber auch ganz okay.
Regina: Naja, ich ehrlich gesagt nicht. Das Angebot ist nicht so toll für mich, weil ich ja Veganerin bin.
Thomas: Ähm… Ich weiß leider nicht, was das ist. Kannst du mir das erklären?
Regina: Gerne. Das heißt, dass ich gar keine tierischen Produkte esse und trinke, also auch keine Eier, keine Butter, keine Milch …
Thomas: Ach so. Machst du das schon lange?
Regina: Seit einem Jahr. Davor war ich Pescetarierin.
Thomas: Entschuldige, aber das habe ich noch nie gehört. Was bedeutet das?
Regina: Das heißt, dass man kein Fleisch isst – aber Fisch isst man schon.
Thomas: Was es alles gibt …

Aufgabe 5c

34

1 Mittagessen
Was denken Sie, sollten wir zu dem türkischen Restaurant gehen? • Sollen wir schon ein Menü für alle bestellen oder sollte jeder selbst etwas wählen? • Könnten Sie dann einen Tisch reservieren? • Haben Sie die Telefonnummer vom Restaurant? • Das Restaurant ist ja nicht so weit weg, sollten wir laufen?

35

2 **Bürostühle**

Ich weiß überhaupt nicht, wo man Bürostühle kaufen kann, hast du eine Idee? • Wie viele Stühle brauchen wir eigentlich? • Weißt du, ob man die Stühle erst mal ausprobieren kann, vielleicht sogar hier im Büro? • Sollten wir die Stühle liefern lassen oder selbst abholen?

36

3 **Eingangsbereich verschönern**

Ich finde, man könnte Blumen vor den Eingang stellen – was denkst du? • Ich finde den Eingang auch etwas dunkel, weißt du, was wir da machen könnten? • Also, ich weiß nicht, ob wir das alleine schaffen oder ob uns andere Kollegen helfen sollten. Was meinst du? • Und wann sollen wir die Arbeiten machen? Ich habe ja ab Montag zwei Wochen Urlaub.

37

Aufgabe 5d und e

Rainer: Hallo Marion!
Marion: Hallo Rainer. Nächste Woche kommen ja fünf Mitarbeiter von der Strato-Tech GmbH, um unseren Betrieb kennenzulernen, und wir müssen noch ein Essen für alle planen. Insgesamt sind es dann elf Personen, die fünf Besucher und dann sechs Leute aus unserer Firma.
Rainer: Bevor wir über ein Restaurant sprechen: Wir könnten zuerst einen Snack bei uns servieren, oder? Die Besucher kommen ja um 11 Uhr an, und vielleicht haben sie dann schon etwas Hunger.
Marion: Ja, das ist eine gute Idee. Sie machen dann ja erst eine Betriebsführung, und es soll erst gegen 14 Uhr Mittagessen geben.
Rainer: Also, ich habe gedacht, dass wir vielleicht zum Italiener gehen könnten, dem „Casa Romana". Bist du damit einverstanden?
Marion: Hmm, ich finde das nicht so gut. Neulich war ich mit Freunden da, und wir haben sehr lange aufs Essen gewartet. Es schmeckt zwar gut, aber bei einem Geschäftsessen muss man ja auch auf die Uhr schauen … Meiner Meinung nach wäre das „Restaurant Valentin Küster" besser.
Rainer: Oh, das kenne ich gar nicht, aber das klingt nach gutbürgerlicher Küche, oder?
Marion: Nein, nicht ganz. Valentin Küster ist ein ganz bekannter Fernsehkoch und hat gerade seinen zweiten Stern bekommen.
Rainer: Naja … ich glaube nicht, dass das passend ist. Außerdem ist es bestimmt ziemlich teuer.
Marion: Da hast du recht. An gutbürgerlich hatte ich noch gar nicht gedacht, kennst du da was?
Rainer: Ja, das Restaurant „Traube". Das ist zwar nicht um die Ecke, aber dafür sehr gut, und der Service ist super.
Marion: Außerdem sollten wir noch planen, wie wir zum Restaurant kommen. Du hast gerade gesagt, dass es etwas weiter entfernt ist, also können wir wahrscheinlich nicht laufen, oder?
Rainer: Nein, das geht leider nicht. Aber mit zwei Großraumtaxis ist das ja kein Problem, die Fahrt dauert dann vielleicht 10 Minuten, höchstens 15, wenn viel los ist. Findest du das okay, oder dauert die Fahrt zu lange?
Marion: Nein, ich finde das völlig okay. Wie wäre es, wenn du im Restaurant reservierst und ich mich um die Taxis kümmere?
Rainer: Super, so machen wir das.

Wortschatztraining

Das Vorstellungsgespräch, Aufgabe 4b

38

Frau Sonnenberg: Guten Tag, Firma Sonnenberg, Frau Sonnenberg am Apparat, was kann ich für Sie tun?
Frau Pasionek: Guten Tag Frau Sonnenberg, mein Name ist Karina Pasionek. Ich rufe wegen Ihrer Anzeige an. Sie suchen eine Verkäuferin?
Frau Sonnenberg: Guten Tag Frau Pasionek, schön dass Sie anrufen. Ja, wir suchen eine erfahrene neue Mitarbeiterin.
Frau Pasionek: Schön! Deswegen rufe ich auch an.
Frau Sonnenberg: Ich möchte Ihnen gerne vor einem persönlichen Gespräch einige Fragen stellen.
Frau Pasionek: Sehr gern, was möchten Sie denn wissen?
Frau Sonnenberg: Haben Sie eine Ausbildung als Verkäuferin?
Frau Pasionek: Ja, ich habe 2002 meine Ausbildung in Polen abgeschlossen. Ich habe mein Zeugnis auch übersetzt.
Frau Sonnenberg: Das hört sich ja schon gut an. Haben Sie in dem Beruf auch schon gearbeitet?
Frau Pasionek: Bis zu meinem Umzug nach Deutschland 2012 habe ich ganztags in einem Schreibwarengeschäft gearbeitet. Ich war dort drei Jahre erste Verkäuferin.
Frau Sonnenberg: Dann sind Sie ja schon drei Jahre in Deutschland. Sie sprechen gut Deutsch.
Frau Pasionek: Danke! Ich habe Sprachkurse besucht und gerade meine B1+ Prüfung sehr gut bestanden.
Frau Sonnenberg: Sehr schön. Sie wissen, dass Sie auch samstags arbeiten müssen? Ist das ein Problem für Sie?
Frau Pasionek: Aber nein, das kenne ich.
Frau Sonnenberg: Frau Pasionek, ich möchte Sie gerne persönlich kennenlernen. Haben Sie übermorgen um 10.30 Uhr Zeit?
Frau Pasionek: Sicher, ich komme gerne zu dem Termin, ich freue mich.
Frau Sonnenberg: Bitte bringen Sie Ihre Unterlagen mit.
Frau Pasionek: Auf jeden Fall, ich habe dann alle Papiere dabei.

Transkriptionen

Frau Sonnenberg: Dann bis übermorgen. Einen schönen Tag.
Frau Pasionek: Dankeschön, das wünsche ich Ihnen auch, bis übermorgen.

Kommunikation am Arbeitsplatz, Aufgabe 2

39

1
A: Hallo Frau Batun, könnten Sie bitte bei Herrn Tscherny von der Firma LogInt anrufen und ihm sagen, dass der Termin am Donnerstag, den 05.05., klar geht?
B: Gerne! Also Sie kommen am 05.05. um 10 Uhr 30.

2
A: Hi, Thomas, ich muss mit dir die alten Rechnungen durchgehen.
B: Gut. Wann denn?
A: Am besten heute Nachmittag, um drei. Geht das?

3
A: Frau Herdt, wir wollten uns nächste Woche mal wegen der Quartalstatistik zusammensetzen.
B: Richtig. Passt es Ihnen am Mittwoch um 13 Uhr?
A: Bis 13 Uhr habe ich eine Abteilungskonferenz. Aber um 13 Uhr 30 könnte ich zu Ihnen kommen.
B: Ausgezeichnet! Dann kommen Sie ins Haus 8, Raum 804.

4
A: Hallo, Ellen, ich wollte mit dir am Freitag wegen der Konferenz sprechen.
B: Ja?
A: Daraus wird leider nichts.
B: Schade! Dann melde dich wieder, wenn du Zeit hast …

5
A: Guten Tag, Herr Hernandez. Rybakova am Apparat.
B: Hallo, Frau Rybakova.
A: Herr Hernandez, ich rufe wegen der Konferenz im Oktober an. Wir haben Ihren Beitrag von 13:00 bis 14:30 Uhr geplant. Aber Ihr Flieger landet erst um 12:00 Uhr. Sie werden nun um 14:30 Uhr mit Ihrem Vortrag beginnen. Ich hoffe, das ist so in Ordnung für Sie.
B: Ja, danke für die Info!

Informationstechnik, Aufgabe 2a

40

Frau Zengeli: Technische Hotline, Zengeli. Wie kann ich Ihnen helfen?
Herr Jellon: Jellon, Einkauf. Frau Zengeli, ich habe ein Problem.
Frau Zengeli: Ja, ich höre.
Herr Jellon: Ich war bis gestern auf Dienstreise und wollte diese heute im Intranet abrechnen. Aber ich komme gar nicht rein.
Frau Zengeli: Langsam, Herr Jellon. Ich werde Ihnen helfen. Läuft Ihr Computer?
Herr Jellon: Ja, das ist nicht das Problem: Ich habe meinen Computer hochgefahren, ich habe mich mit meinem Kennwort eingeloggt und die Startseite so aufgerufen, wie ich es kenne.
Frau Zengeli: Okay, und dann?
Herr Jellon: Dann habe ich auf das Icon „Intranet" geklickt.
Frau Zengeli: Konnten Sie Ihren Benutzernamen eingeben?
Herr Jellon: Ja, auch das Passwort. Aber als ich auf „ok" gedrückt habe, passierte nichts.
Frau Zengeli: War die Feststelltaste vielleicht an?
Herr Jellon: Nein, nein … Ich verstehe das nicht.
Frau Zengeli: Seltsam, das muss sich der Techniker vor Ort anschauen. Sie sitzen im Raum 108, nicht wahr?
Herr Jellon: Im Raum 305. Unsere Abteilung ist jetzt in dem neuen Nebengebäude. Meine Kollegen sind während meiner Abwesenheit umgezogen, ich war ja auf Dienstreise, jetzt bin ich auch hier.
Frau Zengeli: Ach so, dann müssen wir komplett die neuen Zugänge für Sie freischalten und Ihren Arbeitsplatz neu einrichten. Herr Ott kommt gleich vorbei. Es wird nicht lange dauern.
Herr Jellon: Das hoffe ich. Danke, Frau Zengeli…

Sicherheit am Arbeitsplatz, Aufgabe 2

41

Journalistin: Liebe Zuhörer, das Thema Sicherheit am Arbeitsplatz ist eines der wichtigsten Themen in der Berufswelt: Risiken müssen erkannt und eliminiert werden. Unser heutiger Gast ist Herr Muschke, der Sicherheitsbeauftragte bei der Tempe-Logistik GmbH. Herr Muschke, noch einmal die Frage: Warum ist das Thema so wichtig?
Herr Muschke: Wir wissen, dass gerade im Bereich der Produktion mit Maschinen, beim Gabelstapler fahren und im Lager ein erhöhtes Unfallrisiko besteht. Deswegen müssen bei der Einrichtung und der Gestaltung von Arbeitsabläufen immer auch Sicherheitsaspekte berücksichtigt und eingeplant werden.
Journalistin: Wie sieht das konkret aus?
Herr Muschke: Die PSA, also die persönliche Schutzausrüstung, ist unerlässlich. Dazu zählen Sicherheitsschuhe, Schutzbrille, Helm, Atemschutz usw. Allerdings ist die PSA alleine nicht ausreichend.
Journalistin: Welche weiteren Möglichkeiten hat man noch?
Herr Muschke: Zum Beispiel geeignete Regalsysteme im Lager. Werden Güter und Waren gestapelt, kommen nur Metallregale in Betracht, da nur Stahl die notwendige

Stabilität aufweist. Diese müssen aber auch fachgerecht montiert und gesichert werden.
Journalistin: Ja, das kann man oft in Möbellagern sehen …
Herr Muschke: Genau. Diese Regale müssen zum Beispiel im Fahrbereich der Maschinen und Stapler mit einem Anfahrschutz versehen werden.
Journalistin: Wie bitte? Einem was?
Herr Muschke: Einem Anfahrschutz - der funktioniert wie eine Stoßstange beim Auto.
Journalistin: Aha. Gibt es noch andere Maßnahmen?
Herr Muschke: Natürlich. Zum Beispiel darf nichts rutschen oder rollen.
Journalistin: Wie verhindern Sie das denn?
Herr uschke: Bei der Regalmontage achten wir auf eine Rückwand mit Gittern, damit die Ware nicht durchrutscht. Oder es werden spezielle Fachböden eingesetzt, die die Auflagefläche vergrößern. Richtig kompliziert wird das bei der Lagerung von Flüssigkeiten.
Journalistin: Die zusätzlichen Sicherheitsanforderungen zu erfüllen, etwa wenn es sich um umweltgefährdende Stoffe handelt, ist unser Thema gleich nach den Nachrichten. Vielen Dank, Herr Muschke, für das Gespräch!

Geschäftsessen & Co., Aufgabe 2a

42

1
Frau Minski: Guten Morgen, Herr Liebig. Minski von Event-Duss.
Herr Liebig: Tag, Frau Minski.
Frau Minski: Ich wollte nur nachfragen, ob Sie schon die genauere Anzahl Ihrer Gäste kennen. Es wäre wichtig. Dann können wir ausrechnen, ob zwei Partyzelte ausreichen.
Herr Liebig: Auf meiner Liste sind 283 Zusagen. Damit können Sie schon die Biertische und Bierbänke berechnen .

2
Frau Lieding: Frau Ake, wären Sie bitte so nett und würden eine E-Mail an alle Abteilungsleiter schicken?
Frau Ake: Gerne! Aber ich habe schon eine Mail geschickt.
Frau Lieding: Richtig. Aber wir können erst um 11:00 Uhr beginnen. Nach dem Pressetermin.
Frau Ake: Ändern sich auch die Tagesordnungspunkte?
Frau Lieding: Bitte ergänzen Sie noch unter TOP 3: die Neuorganisation der Abteilungen …

3
Herr Lovisa: Guten Tag, Lovisa.
Frau Pham: Guten Tag, hier ist Pham von der Marketingabteilung.
Herr Lovisa: Sie sind bestimmt von der Nutra GmbH.
Frau Pham: Richtig. Ich wollte mit Ihnen besprechen, was wir Ihren Schülern zeigen würden.
Herr Lovisa: Bestimmt die Produktion, das Lager und vielleicht noch zwei andere Abteilungen.
Frau Pham: Ja, und zum Schluss bekommt jeder jeweils eine Probepackung unserer neuesten Produkte …

4
Gerd: Hallo Ulrike! Wie geht's?
Ulrike: Hallo Gerd. Gut. Hast du daran gedacht, dass Manfred Ende Juni in den Ruhestand geht?
Gerd: Ja, deswegen rufe ich dich ja an.
Ulrike: Ich habe auch schon überlegt. Ich denke, wir sammeln Geld für seine Sportausrüstung, und besorgen natürlich auch Blumen und eine Karte mit einem Foto von uns allen …

Audio-Impressum

Sprecher: Jonas Bolle, Kim Engelhardt, Godje Hansen, Natascha Kuch, Stefan Moos, Barbara von Münchhausen, Jenny Ulbricht, Kaspar Wachinger, Johannes Wördemann
Regie: Katharina Theml
Tontechnik: Michael Vermathen
Produktion: Bauer Studios GmbH, Ludwigsburg

Bildquellen

42.1 Thinkstock (Ikonoklast_Fotografie), München; **43.1** Thinkstock (Catherine Yeulet), München; **65.1** Thinkstock (Brent Bossom), München; **65.2** Thinkstock (gbh007), München; **70.1** Thinkstock (popcic), München; **80.1** Thinkstock (terex), München; **86.1** Thinkstock (Tony Lomas), München

Audioliste

Audios

Audio	Aufgabe	Länge
1-5	Hörverstehen, Teil 1, So geht's, Aufgabe 3, 5	6:07
6	Hörverstehen, Teil 2, So geht's, Aufgabe 3, 5	5:51
7-11	Hörverstehen, Teil 3, So geht's, Aufgabe 3, 5	5:47
12	Mündlicher Ausdruck, Teil 1 So geht's, Aufgabe 2	0:15
13	Mündlicher Ausdruck, Teil 1, So geht's, Aufgabe 2	0:11
14	Mündlicher Ausdruck, Teil 1, So geht's, Aufgabe 2, Prüfungsdialog	1:38
15	Mündlicher Ausdruck, Teil 1, Prüfungsdialog	0:46
16	Mündlicher Ausdruck, Teil 2, So geht's, Aufgabe 1c	0:26
17	Mündlicher Ausdruck, Teil 2, So geht's, Aufgabe 1e	0:26
18	Mündlicher Ausdruck, Teil 2, So geht's, Aufgabe 2a, Prüfungsdialog	2:41
19	Mündlicher Ausdruck, Teil 3, So geht's, Aufgabe 3, Prüfungsdialog	2:31
20	Fertigkeitentraining, Hören, Aufgabe 1b, c	3:20
21	Fertigkeitentraining, Hören, Aufgabe 3a	2:34
22	Fertigkeitentraining, Hören, Aufgabe 3b	2:06
23	Fertigkeitentraining, Hören, Aufgabe 4a	2:05
24	Fertigkeitentraining, Hören, Aufgabe 4c	2:30
25	Fertigkeitentraining, Hören, Aufgabe 5a, b	0:41
26	Fertigkeitentraining, Hören, Aufgabe 5d, e	2:11
27	Fertigkeitentraining, Sprechen, Aufgabe 1a	1:41
28	Fertigkeitentraining, Sprechen, Aufgabe 1b	2:53
29	Fertigkeitentraining, Sprechen, Aufgabe 2b-d	0:31
30	Fertigkeitentraining, Sprechen, Aufgabe 2f	0:45
31	Fertigkeitentraining, Sprechen, Aufgabe 2g	0:34
32	Fertigkeitentraining, Sprechen, Aufgabe 5a	1:34
33	Fertigkeitentraining, Sprechen, Aufgabe 5b	1:15
34-36	Fertigkeitentraining, Sprechen, Aufgabe 5c	5:58
37	Fertigkeitentraining, Sprechen, Aufgabe 5d, e	2:25
38	Wortschatz, Das Vorstellungsgespräch, Aufgabe 4b	1:57
39	Wortschatz, Kommunikation am Arbeitsplatz, Aufgabe 2	1:59
40	Wortschatz, Informationstechnik, Aufgabe 2a	1:37
41	Wortschatz, Sicherheit am Arbeitsplatz, Aufgabe 2	2:29
42	Wortschatz, Geschäftsessen & Co., Aufgabe 2a	1:56
	Gesamt	69:40

! In der Prüfung werden die Texte aus dem Hörverstehen Teil 2 und 3 immer zweimal vorgespielt. Spielen Sie das Audio zweimal ab.